ー本书读懂

税收筹划

高瑞锋 ◎ 著

中华工商联合出版社

前　言

　　税收筹划，是在符合国家法律及税收法规范围内，或在法律不禁止的范围内，通过对生产经营活动事先进行合理的设计和安排，最大限度地减轻税收负担的行为。可以说，税收筹划是纳税人的一项基本权利，也是国家支持和鼓励的行为。

　　无论是企业还是个人，都希望能减轻税负，税负轻了，净利润才能提高。所以，税收筹划是企业和个人应该且必须掌握的、值得我们去学习和钻研的经济行为。当然，节税并不是税收筹划的最终目的，我们应该从企业的长远发展出发，在筹划过程中，既要考虑减轻税负，又要重视企业发展的战略目标和可持续发展，且应当把后者放在首要位置。

　　可是，很多人对于税收筹划存在错误认识，其中包括企业经营者、管理者以及财务人员。他们错误地认为税收筹划就是把税负降到最低，想办法减少应纳税额，这么做的结果往往忽视了正常的生产经营活动，影响经营规模的扩大，得不偿失。

　　还有很多人不明白税收筹划真正的意义，或把一些不合法的手段当作税收筹划，进而发生偷税、漏税、逃税的行为。这是我们应该避免的，也是专业税收筹划人员强烈反对的。要知道，税收筹划靠的是智慧、专业，而不是利用非法手段投机取巧。

　　那么，税收筹划的难度是不是非常大呢？如果不具备一定的财务知识，不是专业的财务人员，是不是就无法掌握税收筹划呢？当然不是，只要我们了解了相关的知识体系，掌握了实际操作步骤与技巧，也可以轻松地理解并很好地应用在实践中。

从本书中，读者可以了解税收筹划的相关知识及筹划技巧。书中介绍了税收筹划的主要形式、可能产生的税务和财务风险以及容易步入的误区，更重要的是详细阐述了各个税种、各生产经营阶段涉及税收筹划的操作问题，目的是让不具备丰富税务专业知识的企业及个人，能够轻松掌握税收筹划的方法和技巧，合理合法地减轻税负。

本书是一本税收筹划"宝典"，内容简洁明了，实用性非常强。我们在本书中还列举了很多典型的案例，可以帮助读者更好地理解与思考，最终能够将这些筹划方案应用到现实生活中。

最后，亲爱的读者们，希望大家能从中有所收获。

目录

前　言

第一章　税收从哪里来，又到哪里去?

　　第1节　税收，任何企业和个人都不可逃避 /3

　　第2节　专业的税收筹划是企业必备的 /8

　　第3节　税收筹划的形式和目标 /12

　　第4节　有效的税收筹划，这五个素质不可少 /16

　　第5节　了解税收筹划的风险点 /19

　　第6节　筹划方法多，如何巧运用? /23

第二章　打好金算盘，找到纳税筹划的新思路

　　第1节　注重事前，不做"事后诸葛亮" /29

　　第2节　放弃优惠政策不用，是最大的愚蠢 /32

　　第3节　从源头做文章，在成本上下功夫 /35

　　第4节　转让定价，"一个愿打，一个愿挨" /42

　　第5节　巧签合同——智慧经营的体现 /46

　　第6节　筹划也有风险，这些风险需谨记 /50

第三章 增值税筹划，力求实现企业价值最大化

第 1 节 身份转换，税负也减小 /57

第 2 节 灵活变通，巧妙选择销售方式 /60

第 3 节 起征点不同，压力也不同 /63

第 4 节 运输费用，能筹划就筹划 /67

第 5 节 促销和折扣，加大筹划空间 /69

第 6 节 使用过的固定资产，也可以进行税收筹划 /72

第 7 节 不动产比动产更易筹划 /75

第 8 节 利用农产品免税政策来筹划 /79

第 9 节 哪种税目税率低，就兼营哪一种 /81

第四章 消费税筹划，节省下来就是赚

第 1 节 利用生产制作环节的规定来筹划 /87

第 2 节 自产自用，也要合理筹划 /89

第 3 节 以物换物也不错 /92

第 4 节 巧设委托加工，加大税后利润 /94

第 5 节 包装物作不作价很关键 /97

第 6 节 改变结算方式，推迟纳税时间 /100

第 7 节 巧妙筹划出口应税消费品 /102

第 8 节 巧妙利用临界点降低产品价格 /105

第五章　企业所得税筹划，大幅提高企业利润

第1节　做好计提，加大利润 /111

第2节　加速折旧，要选对折旧方式 /114

第3节　择善而行，选择特殊行业来投资 /117

第4节　纳税筹划的关键是"预" /120

第5节　向员工集资，这些原则很重要 /122

第6节　税收洼地，企业的天堂 /126

第7节　股权转让——先分配利润，再转让 /128

第8节　企业负债比例越大，节税效果越明显 /132

第六章　个人所得税筹划，切忌用力过猛

第1节　均摊拆分，有效降低税率 /139

第2节　合理调整年终奖，找到最佳纳税方案 /143

第3节　利用专项扣除巧妙减负 /146

第4节　劳务报酬轻松转变，转移成本减少税负 /150

第5节　两利相权取其重 /154

第6节　献出爱心，抵减税收 /157

第7节　巧立公司，最直接的筹划方法 /160

第8节　股票和股息所得，尽量延长持有时间 /163

第9节　经营所得，尽可能减少应纳税额 /165

第七章　筹划其他税种，寻找更多突破口

第 1 节　合理压缩，优化契税支出 /173

第 2 节　印花税不起眼，也要科学核算 /178

第 3 节　有车一族，也要筹划购置税 /182

第 4 节　车船税，税收筹划大不同 /185

第 5 节　房产税筹划，从价还是从租，节税说了算 /189

第 6 节　有房出租，不可不筹划租金收入 /193

第 7 节　二手房买卖，能省一分是一分 /196

第 8 节　分别核算资源税，切不可行差就错 /199

第 9 节　企业"走出去"，筹划也需国际化 /203

第八章　提醒：切勿步入税收筹划的误区

第 1 节　误区一：税收筹划，就是一味地降低税负 /211

第 2 节　误区二：筹划的是账，而不是事 /213

第 3 节　误区三：税收筹划是财务人员的事，与其他人无关 /217

第 4 节　误区四：单独筹划，而不是综合筹划 /219

第 5 节　误区五：过度筹划，得不偿失 /222

第 6 节　误区六：在发票上"做文章" /226

第一章

税收从哪里来,又到哪里去?

第1节　税收，任何企业和个人都不可逃避

本杰明·富兰克林曾说过："世界上只有两件事情不可避免——死亡和税收。"

没错，对于任何企业和个人来说，依法纳税是应尽的义务，是不可逃避的。而想要有效地进行税收筹划，我们就必须先了解税收及其特征、职能、种类以及基本的税收优惠制度。只有了解了这些基本知识和理论，才能更好地进行税收筹划。

第一，税收。

税收是国家为了满足社会公共需要，凭借公共权力，按照法律规定的标准和程序，参与国民收入分配，强制、无偿取得财政收入的一种方式。

税收是国家公共财政最主要的收入形式和来源，是一种非常重要的政策工具。

第二，税收的特征。

税收具有强制性、无偿性和固定性三个特征。

（1）税收的强制性是指国家凭借其公共权力，通过颁布法律、法令的形式来对纳税人进行强制征收。在国家税法规定的范围内，纳税人必须依法纳税，否则就会受到法律的制裁。

税收的强制性特征主要体现在两个方面：其一，税收分配关系的建立

具有强制性，也就是说，征收完全凭借国家的政治权力；其二，税收的征收过程具有强制性，即一旦纳税人违反税法，国家会依法对其进行处罚。

（2）税收的无偿性是指国家征税后，税款一律纳入国家财政预算，由国家统一分配，不向纳税人支付任何报酬或代价，也不直接返还给纳税人。这种无偿性是税收的本质体现，是一种社会产品所有权、支配权的单方面转移，而不是等价交换。

（3）税收的固定性是指国家征税之前预先统一征税的标准，这些标准一经确定，在一定时间内相对稳定。比如，征税之前，纳税人、课税对象、税率、纳税期限、纳税地点等都已经预先统一，不会轻易改变，纳税人必须按照标准来纳税。

第三，税收的职能。

税收主要有四大职能。

（1）税收是财政收入的主要来源。

（2）税收是调控经济运行的重要手段。

（3）税收是调节收入分配的重要工具。

（4）税收是监督经济活动的工具。

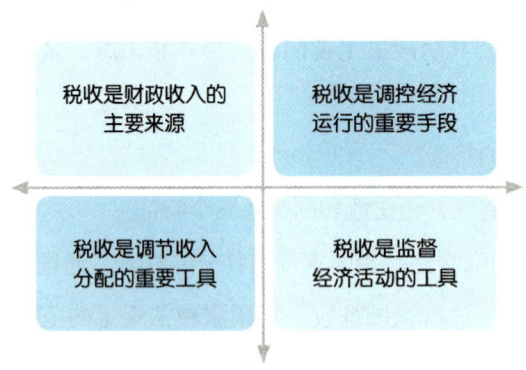

图 1-1　税收的四大职能

第四，税收的种类。

根据征收对象的不同，税收分为不同的种类。我国税种主要分为五大类。

（1）对流转额的征税。

对流转额的征税也称为商品和劳务税，是对销售商品或提供劳务的流转额为课税对象征收的税。我国开征的流转税主要包括增值税、消费税和关税。

（2）对所得额的征税。

税法规定应当征税的所得额包括合法来源的所得，如生产经营所得、劳务所得、投资所得以及其他所得；货币所得，以货币衡量或计算其价值的经济上的所得；纯所得，即纳税人总收入扣除成本、各种费用后的净所得；增强纳税能力的实际所得。

我国开征的所得税主要包括企业所得税和个人所得税。

（3）对资源的征税。

对资源的征税，即对开发、利用和占有国有自然资源所征收的税收。我国开征的资源税主要包括城镇土地使用税、资源税及土地增值税。

（4）对财产的征税。

对财产的征税，即对纳税人拥有或支配的财产数量或价值额征收的税收。我国开征的财产税主要包括房产税、契税及车船税。

（5）对行为的征税。

对行为的征税，即对纳税人某些特定行为征收的税收。我国开征的行为税主要包括印花税、车辆购置税及城市维护建设税等。

接下来，我们主要了解四种税种的基本情况。

一是增值税。

增值税是以商品在流转过程中产生的增值额作为计税依据而征收的一种税收。

增值税是我国最大的税种，占我国全部税收的60%以上。征收对象是我国境内销售货物或提供加工、修理修配劳务以及进口货物的单位和个人，分为一般纳税人和小规模纳税人。一般纳税人适用的税率包括13%、9%、6%等；小规模纳税人适用税率为3%。

二是消费税。

消费税是对我国境内生产、委托加工和进口应税消费品的单位和个人征收的税收。

消费税是一种间接税，征税范围包括烟、酒、化妆品、贵重首饰和珠宝玉石等15个税目。消费税共有13个档次的税率，最低3%，最高56%。其中甲类卷烟税率最高，为56%。

三是企业所得税。

企业所得税是对我国境内的一切企业和其他取得收入的组织的生产经营所得和其他所得征收的税收。

企业所得税征收对象包括居民企业和非居民企业。居民企业来源于我国境内、境外所得缴纳企业所得税；非居民企业则来源于我国境内所得以及发生在我国境外但与其所设机构、场所有实际联系的所得缴纳企业所得税。

企业所得税的税率为25%，非居民企业税率为20%。

四是个人所得税。

个人所得税是对居民和非居民所得征收的税收，征收范围包括个人取得的工资、薪金所得，个体工商户的生产、经营所得等10个征税项目。

根据不同的征税项目，个人所得税分为三种不同的税率。其一，工资、薪金所得，劳务报酬所得，稿酬所得，特许权使用费所得，适用七级超额累进税率，最低为3%，最高为45%；其二，个体工商户的生产、经营所得，适用五级超额累进税率，最低为5%，最高为35%；其三，利息、股息、红利所得，财产租赁所得等按照比例税率来征收。

关于其他税种，这里我们不再多作介绍，将会在之后的章节中详细阐述。

第五，税收的优惠方式。

税收的优惠方式主要包括减税、免税、延期纳税、加计扣除、税额抵免等。

（1）减税是依据税法规定减除纳税人一部分纳税款，可以分为法定减税、特定减税和临时减税，是税收筹划的主要手段。

（2）免税则是对某些特殊纳税人免征某种或某几种税收的政策，也可以分为法定免税、特定免税和临时免税三种。

（3）延期纳税就是对应纳税款的部分或全部的缴纳期限适当延长的一种政策，延期最长不超过三个月。

（4）加计扣除是指按照税法规定，在实际发生数额的基础上再加上一定比例，计算应纳税所得额时予以扣除的税收优惠措施。比如，《中华人民共和国企业所得税法》规定，开发新技术、新产品、新工艺发生的研究开发费用，可以在计算应纳税所得额时加计扣除，这样就减轻了企业的税负。

（5）税额抵免是企业购置并实际使用相关税法规定的环境保护、节能节水、安全生产等专用设备时，享受应纳税额抵免的优惠政策。比如，专用设备投资额的10%，可以在企业当年的应纳税额中抵免；当年不足抵免的，可以在以后五个纳税年度结转抵免。

第2节　专业的税收筹划是企业必备的

企业和个人必须要依法纳税，但是我们可以在法律允许的前提下，用合法的手段和方式减少缴纳税款的金额。方法很简单，只要在多种纳税方案中选择税负低的即可。但是要做到这一点，却并不容易。

对于一些小企业来说，因为经营范围窄、经营地点固定，人员少、业务量也相对较小，所以税收筹划相对来说会简单一些。但是对于一些大企业来说，因为经营范围多，分支机构比较广，而且销售业绩逐年呈数量级增长，因此遇到的税收问题越来繁多，进而导致税收筹划变得困难、复杂。

这意味着企业管理者、财务人员必须掌握系统的财务知识、税收知识，而且对于税收筹划要有深刻的了解，掌握具体的方法和技巧。比如，在企业进行投资时，我们不仅要考虑当地的税收环境，还要研究该行业、该地区的税收政策变化趋势，同时，还需要研究适合该地区或国家的税法，思考如何合理地构建自己的分支机构，如何进行产品定价等。掌握了这些，税收筹划才能成为合理合法的活动，并且尽可能做到税负最轻、企业净利润最大化。

一、常见的税收违法行为

想要做到税负最轻、企业净利润最大化，我们必须对收税筹划有清晰、正确的认识，明确知晓它与偷税、骗税、抗税、欠税有着本质的区别。偷税、骗税、抗税、欠税都是违法行为。其中，偷税影响最大，也是最普遍的。

第一，偷税。

什么是偷税？根据《中华人民共和国税收征收管理法》规定，偷税主要有三种表现手段：

（1）伪造、变造、隐匿和擅自销毁账簿、记账凭证。

（2）在账簿上多列支出或者不列、少列收入。

（3）经税务机关通知申报而拒不申报或进行虚假的纳税申报。

对于偷税行为，税务机关依法追缴其不缴或者少缴的税款、滞纳金，并处不缴或者少缴的税款50%以上5倍以下的罚款；构成犯罪的，依法追究刑事责任。

第二，骗税。

骗税是指出口退税。为了鼓励企业出口创汇，我国推行了出口退税制度，这是一种优惠政策。但是一些企业和个人却利用这项政策骗取出口退税，实现利益最大化。对于骗税行为，税务机关可以取消其出口退税的资格，并且在一定期限内停止为其办理出口退税。构成犯罪的，依法追究刑事责任。

第三，抗税。

抗税的情节更严重，它是一种明目张胆地对抗国家法律的行为，是影响最坏、手段最恶劣的一种行为。

我国税法明确规定：以暴力、威胁方法拒不缴纳税款的行为，属于抗税。这里的暴力行为，包括殴打、推搡、伤害、强行禁闭以及为阻碍征税而毁坏税务人员使用的交通工具、聚众冲击打砸税务机关等直接侵害人身安全的暴力方法；同时也包括以威胁方法拒不缴纳税款，比如，扬言要威胁税务人员及其亲属的人身安全或财产的安全。

如果情节轻微，未构成犯罪，税务机关会追缴其拒缴的税款、滞纳金，处拒缴税款一倍以上五倍以下的罚款；如果以暴力、威胁方法拒不缴纳税款的，处三年以下有期徒刑或者拘役，并处拒缴税款一倍以上五倍以下罚金；情节严重的，处三年以上七年以下有期徒刑，并处拒缴税款一倍以上五倍以下罚金。

第四，欠税。

欠税是指超过税务机关核定的纳税期限，没有按时缴纳税款，拖欠税款的行为。

欠税可以分为故意和非故意两种。前者是出于一定的目的占用税款，对于这种情况，税务机关会责令其限期缴纳，如果过期仍不缴纳，也没有提出申请，或者提出申请但税务机关没有批准的，将受到处罚。如果纳税人采取转移或者隐匿财产的手段，欠缴应纳税款，税务机关则会追缴欠缴的税款、滞纳金，并处欠缴税款50%以上五倍以下的罚款；构成犯罪的，追究刑事责任。

二、税务筹划需要遵循的原则

除了要避免偷税、骗税、抗税、欠税等行为，我们还需要掌握一些必要的原则，避免在设计、安排的过程中出现纰漏，导致税务筹划不合理、不合法，甚至出现违法犯罪行为。那么，我们需要遵循哪些原则呢？

第一，合法性原则。

税收筹划，根本在于合法。其中，筹划方案必须符合法律、法规的要求，同时，方案的实施过程也必须要符合法律、法规的要求。两者缺一不可。

换句话说，不管我们采用什么样的方式，必须在国家法律、法规及政策允许的范围内来进行，要做到在法律上站得住，在操作上行得通。

然而，有时，企业制订的方法是合法、合理的，但是在操作时却出现纰漏，导致出现不合法的行为，或出现过度筹划的行为，结果税收筹划反而变成偷税行为。因此，税收筹划必须做到事前、事中、事后都合理、合法。

第二，有效性原则。

简单来说，有效性原则就是税收筹划必须有针对性，针对企业自身的生产经营情况，根据不同地区、不同行业、不同部门、不同规模来进行设计与安排，进行有的放矢的筹划，而不是模仿他人、"借鉴"他人。

同时，任何事情都有时效性，有些财税政策也是如此。所以，我们要及时筹划，把握相关税收政策的动态，切不可把本来合法的筹划方案变成违法的。比如，2019年出台的小微企业减税优惠政策，这项政策具有时间上的限定，如果不关注政策的变化，就会制订出错误的税收筹划方案。

除此之外，任何方案都不可能永久不变，我们某一时段制订出的方案只适合当时的税收政策或企业经营状况。所以，我们一定要时时关注国家的税收政策和企业自身的情况，不断对税收筹划方案进行调整、更新。

第三，筹划性原则。

在经济活动中，纳税义务通常都是滞后的，即收益实现或分配之后，才缴纳所得税。但是，税收筹划却不能滞后，必须事前就进行筹划，这也说明它具有预期性。

所以，在进行税收筹划时，我们必须进行系统的、长期的考量，规避潜在的风险，避免制订出不合理的方案，造成经济损失。其中，我们要考虑经营过程中的风险，如经营风险、财务风险，还要考虑税收法规变动的风险，尽量做好预测与设计。

第四，风险防范原则。

从某个角度上说，税收筹划中蕴含着很大的风险，所以我们必须要充分把握税收政策的整体性，必须要专业、谨慎，而不是盲目地进行筹划。

第五，成本效益原则。

在进行税收筹划时，我们必须要进行成本效益分析。

因为任何筹划方案都有两面性，即取得部分税收利益，同时需要付出额外的费用。如果前者大于后者，筹划方案才是合理的；如果前者小于后者，也就是说，得到的税收收益还不足以支付成本费用，那么方案就是不合理的，也没有任何意义，当然也没有实施的必要。

同时，我们还需要进一步分析与研究，从多种筹划方案中选择最好的方案。当然，这个最好的方案，并不是税负最轻的那一个。如果一味追求税收负担的降低，导致企业整体利益下降，那也是不合理的。

第六，整体性原则。

进行税收筹划时，我们不能只关注一个环节或是一个税种，想要在减轻企业税负的同时谋求企业利益最大化，就应该从整体上进行把握，对纳税进行综合性筹划。

第3节 税收筹划的形式和目标

税收筹划有狭义和广义之分，狭义的税收筹划即节税，而广义的税收筹划则包括节税、避税、税负转嫁以及征税者和纳税者双方面的筹划工作。从纳税人的角度来说，税收筹划就是纳税的节税、避税以及税负转嫁。

图1-2 纳税人税收筹划的主要形式

一、税收的主要形式

第一，节税。

节税是指纳税人在税法允许或鼓励的范围内进行的纳税选择。

节税筹划是合法的，是利用税收照顾性政策、鼓励性政策而对自己的日常行为或经济活动进行合理的安排，或利用税法的优惠政策而降低自己税收成本的筹划行为。

节税筹划的主体是纳税人，其目的与企业最大限度追求利润的目标是一致的。一般来说，节税筹划发生在应税行为之前，需要事先规划、设计和安排，纳税人可以事先预测出节税的效果，所以具有超前策划性。正因为如此，节税要求纳税人必须充分了解税法，了解企业自身的经济业务、发展前景，以便做出有效、正确的筹划。

节税筹划并不违背税法精神，相反，它顺应国家的政策，有利于加强政府对投资和经济的宏观调控。比如，企业投资高新技术产业，在高新产业园注册独立机构或子公司，既有利于国家高新产业和经济的发展，又可以让企业享受相关税收的优惠。

第二，避税。

避税是指纳税人利用税法中的空白、漏洞或缺陷，通过精心安排经营活动以达到减轻企业或个人税负目的的行为。

政府和税务机关会采取措施堵塞税法漏洞，加强征管，并且通过不断完善税法来反避税。比如，完善税务登记制度、账簿和凭证管理制度及纳税申报制度等。

然而现实中，很多企业或个人都想办法利用税法的空白或漏洞，恶意避税。我们要杜绝这种不正确的行为。

第三，税负转嫁。

税负转嫁是一种非常普遍的经济行为，是指纳税人将所缴纳的税款通过各种途径和方式转由他人负担的行为。所以，税收的承担者是负税人，而不是纳税人。

税负转嫁方式主要包括前转、后转、混转、旁转、消转、税收资本化等方式。

产品制造商需要缴纳消费税，但是销售产品的过程中，通过提高产品出厂价格的方式把税款转嫁给另一种相关商品的制造商，该制造商又以同样的方式转嫁给批发商，批发商再转嫁给零售商，零售商再转嫁给消费者。这种税负转嫁就是前转的形式。

简单来说，税负转嫁存在于商品交易中，通过商品或劳务的价格变动来实现。

因为税负转嫁是在市场经济的条件下实现的，所以受到市场状况、供需弹性、成本变化、税收种类等因素的影响。如果某商品成本是递增的，那么税负就不能全部转嫁，企业的税负就会加重。因为商品单位成本增加，商品价格就随之增加，也会影响其销路。

二、税收筹划的目标

接下来，我们再了解税收筹划的目标。

所谓税收筹划的目标，就是纳税人通过相关筹划活动期待达到的效果。

第一，减轻税收负担。

纳税人进行税收筹划，最直接的目标就是减轻税负。

减轻税负主要有两种表现行为。

（1）免缴税款或减少当期应缴纳税额。

（2）推迟税款的缴纳，即把纳税人本期应缴纳的税款延期到以后再缴纳。

我们知道，延期纳税虽然不能让企业或个人少缴纳税款，但是可以让这笔资金获得时间价值，意味着纳税人在一定时间内获得一笔无息贷款。这对于企业的投资以及生产经营，或个人保持现金充足都有好处。

第二，实现涉税零风险。

涉税零风险即纳税人账目清楚，纳税申报正确，缴纳税款及时、足额，不会出现税收方面的任何风险。对于企业来说，实现涉税零风险非常重要，不仅可以保证企业进行正常生产经营活动，还有利于其享受更多税收优惠政策，进一步做好税收筹划。

第三，实现税后利润的最大化。

企业从事经济活动的最终目的是实现税后利润的最大化，实现经济效益的最大化。

税后利润是企业收入扣除所有成本、费用和税款之后的净利润。不过，我们需要注意一点，税后利润最高，并不意味着税负最轻。我们应该从企业长远发展的角度考虑，通过税收筹划之后，企业税后利润不能实现最大化，而且对企业生产经营甚至未来发展有不良影响时，那么这样的税收筹划就是失败的。也就是说，税收筹划要服从于企业的长远目标，以企业利润最大化和可持续发展为前提来选择税负最低的方案。

第四，实现股东权益的最大化。

除了增值税之外，其他税种的应纳税额在会计核算时，都需要计入当期成本费用。而增值税实施的是扣除制，核算时会影响企业的现金流。也就是说，缴纳增值税税款的时候，会影响企业利润的核算或企业现金流。因此，在进行税收筹划时，我们需要考虑股东权益的问题，尽量实现其权益的最大化。

第4节 有效的税收筹划，这五个素质不可少

税收筹划并不简单，想要更好地实现节税，并且促进企业利润最大化更加不容易。这需要纳税人具备一定的专业素质，而不是只模仿和借鉴其他人或企业的税收筹划方案，或毫无条理、不切实际地盲目制订、随意实施。

那么，想要制订出有效、正确的筹划方案，纳税人需要具备哪些素质呢？

第一，拥有丰富的税收专业知识。

税收筹划的专业性非常强，需要纳税人具备扎实的理论知识和丰富的实践经验。

纳税人必须精通税法、税收政策和会计知识，还应当了解市场监

管、金融、保险、贸易等方面的知识。同时，纳税人还需要在短时间内掌握企业的实际经济情况、经营状况、涉税事项、涉税环节，明确企业自身的税收筹划意图，这样纳税人才能准确找到切入点，按照正确的步骤，筹划出最符合企业要求的有效方案。

如果纳税人一心只想节税，甚至避税，但是缺乏丰富的理论知识或实践经验，那么不仅无法制订出最优方案，还可能违反法律法规。

第二，透彻了解现行税法，关注政策动向。

我国的税法在立法体制上具有多个层次，既有全国人大及其常委会制订的税收基本法律，如《中华人民共和国个人所得税法》《税收征管法》，也有国务院制订的税收行政法规，如《中华人民共和国增值税暂行条例》《中华人民共和国消费税暂行条例》等，还有财政部、国家税务总局和海关总署制订的税收规章，如实施细则、通知、办法等。同时，具体税法法规的变化也很频繁，一旦关注不及时，就可能错过其时效性。

所以，在进行税收筹划的过程中，纳税人必须对税法进行全面、系统、深入的了解，并且随时关注相关规则、细则的变化，进而做出对企业最有利的决策、筹划与安排。

第三，具有高效的沟通能力。

无论是企业经营者、财务人员，还是个人，都需要提高自己的沟通能力，以便与企业各部门、管理者以及税务部门进行有效的沟通。

达成有效良好的沟通，才能让各部门积极配合，实现经济活动的合理安排，才能让企业经营者更好地支持自己，做出有利于企业长远发展的决策。而与税务机关进行良好的沟通，可以让自己的筹划方案得到认可。如果纳税人的方案很好，但是不能用简洁的语言说明其筹划思路、步骤和操作方法，作出有理有据的解释，那么很可能浪费时间和精力，甚至得不到税务机关的认可。

第四，具有良好的职业道德。

纳税人要具有良好的职业道德，主要体现在要正确地处理好国家利益和企业利益之间的关系，不能因为满足私利而不顾国家利益，更不能做出违法的行为。

税收筹划必须合法、合理，既要维护税法的权威性，又要维护国家集体的利益。在筹划的过程中，我们必须坚持前文中的六大原则，不能违反税收政策，不能故意模糊合理筹划和不合理筹划之间的界限。

如果纳税人不具备良好的职业道德，不仅会让企业受到处罚，也会让企业的发展步履维艰。

第五，具有评估方案可行性的能力。

在具体筹划时，纳税人要针对企业自身的生产经营情况，有针对性、有目的性地进行设计与安排。筹划方案要切实可行，不能看似完美却不切实际，否则执行难度极大，这样的筹划就没有任何意义。这就需要纳税人有长远的目光，能够进行清晰的思考，可以评估方案的可行性及能够达到的预期效果。

总之，纳税筹划并不简单，筹划方案的成功与否，关键在于纳税人是否具有以上五个素质，具备这些素质将帮助纳税人成为最专业、最有职业素养的策划者与执行者。

第5节 了解税收筹划的风险点

对于企业来说，税收筹划确实是一个有效控制成本、增加利润的方法。做好了税收筹划，企业就可以获得独特的优势。

然而，税收筹划也是一把双刃剑，有利好的一面，也有不利的一面。在筹划过程中，如果不能规避某些风险点，不仅无法降低企业税负，还可能让企业陷入涉税的风险中。

所以，我们要关注税收筹划给企业带来的收益，同时更要了解其背后隐藏的风险点。具体来说，我们需要注意以下六点。

第一，税收筹划不是和税务机关"兜圈子"。

很多人认为税收筹划就是和税务机关"兜圈子"，利用各种办法把纳税数额降到最低，甚至不纳税。这些人清楚地知道偷税是违法的，却故意模糊偷税和合理筹划的定义，甚至违反税收政策以达到少纳税的目的。

某企业是增值税一般纳税人，适用税率为13%。同时，该企业有一家独立经营的销售公司，属于小规模纳税人，适用税率为3%。在经营过程中，销售公司的一部分销售收入是销售企业自己生产的产品所得，其销售收入应当按照13%的税率缴纳增值税。但是，在税收筹划过程中，企业负责人却故意进行虚假纳税申报，按照3%税率缴纳税款。

企业负责人认为自己有意识地利用收入划分不清，能够蒙骗税务机关，结果却因为违反税收政策，故意偷税而面临处罚，不仅要缴纳少缴的税款、滞纳金，还必须缴纳相应的罚款。

税收筹划不是和税务机关"兜圈子"。随着我国税法的完善和税务执法水平的不断提高，这种行为也将无所遁形。

第二，税收筹划不是将税负减少到最低。

税收筹划的目的是节税，但是并不意味着要把税负降到最低。我们在前文中已经说过，在后面的章节中也会进行做更详细的阐述，这里就不再赘述。

需要注意的是，我们千万不要为了筹划而筹划，只关注筹划本身，而忽视企业的长期发展和整体效益。只要做到了节税，并且让税收筹划真正服务企业的经济利益大局，推动企业向前发展，即使税负不是最低，也是成功的。

第三，税收筹划不只是会计人员的事情。

很多人认为关于财务、税收都是会计人员的事情，与其他人没有关系，企业经营者只要获得收益，管理者只要把握好战略即可。在这种思想的影响下，有些人理所当然地认为，只要找到一名好会计，做好账，就能少纳税，就能做好税收筹划的工作。

显然，这种想法是错误的。

税收，和企业的生产经营息息相关，和每一位企业领导、员工都息息相关。无论是经营者还是管理者，只有利用国家的税收优惠政策适当调整企业的经营方向，做好决策和规划，才能实现经济利益的最大化，帮助企业得到更好的发展。这才是税收筹划的根本目的。

除此之外，如果只关注会计人员做账，把税收筹划的重点放在

"账"上，那么很容易造成做假账等违法行为。

第四，不能借税收筹划之名，行虚假筹划之实。

某企业的所得税减免申报期到了，负责人重新提出减免税申请报告。这份报告是在"税收筹划"之后提出的，但是筹划却是不合理的，是虚假的筹划。

原本某企业和当地镇政府联合投资创办了一家福利性工厂，由某企业向镇政府提供资本金，再由镇政府拨给那家工厂。因为工厂属于福利性质，所以享受减免所得税的优惠政策。而随着某企业规模不断扩大，效益越来越好，每年上缴的所得税也越来越多。为了达到少缴税款的目的，负责人把一部分利润分流到那家福利工厂，还让财务人员把该公司的产品、销售额都记在工厂的账上。

那家福利工厂规模并不大，只有十几名健康职工、几名行政管理人员以及几十名残障职工，一年的产量却高达几百万元，销售额高达上千万元。这种情况怎么能不引起别人怀疑呢？很快，这种虚假筹划就被税务机关发现，结果该企业不仅没能享受所得税减免的优惠政策，还被取消福利企业资格，可以说得不偿失。

税收筹划应该是基于税法规定的合法行为，而不是虚假、不合法的行为。一旦筹划行为违反税法，即使方法再隐蔽，终究也会被发现。

任何企业和个人在进行税收筹划时，都需要做到以政策为导向，不盲目地追求节税效果，不触碰税法红线，这样才能实现自己的目的。

第五，目的必须要明确，不可目光短浅。

税收筹划是企业财务管理活动的组成部分，税后利润最大化只是其短期目标，企业价值的最大化才是最终目标。所以，我们要明确目标，如果筹划的方案不符合生产经营的客观要求，或扰乱了企业正常的经营秩序，那么就要放弃，避免为企业带来更大的潜在危险。

有的企业为了减少所得税的缴纳而铺张浪费，故意增加不必要的开支，或为了享受"两免三减半"的免税期，故意不重视生产经营，导致企业持续亏损等行为，都应该杜绝。同时，我们更不能忽视机会成本，不能因为获得税收利益而导致资金占用量增加，进而导致投资机会的丧失。一旦筹划成果与筹划成本不匹配，风险就会加大，容易得不偿失。

第六，涉税管理涉及方方面面。

涉税管理不只是包括纳税这一个方面，还包括税务的方方面面，任何一个环节出现差错，都可能导致发生税收筹划风险。因此，我们必须掌握市场监管、财务、税务的相关知识，不能有任何疏忽与大意。

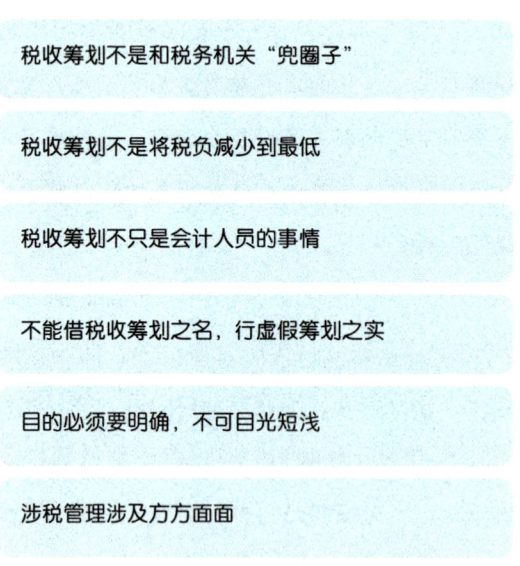

图1-3 税收筹划需要注意的问题

总之，税收筹划绝不是一件简单的事情，只有了解上述风险点，改变错误的认知，才能合法合规纳税，同时实现企业利益的最大化。

第6节　筹划方法多，如何巧运用？

纳税筹划是国家给企业和个人的优惠机会，让其在既定的税法和税制框架内，进行科学、合理的筹划，以便减轻企业和个人的税负。纳税筹划不仅仅只依靠政策、工具，还可以依靠企业和个人的策划，制订出适合企业和个人的方法与措施。

筹划的方法有很多，关键是我们能否利用手中的筹划工具，找到新的思路。

我们来看看下面这个案例。

某地乡政府先与相关管理区签订了征地合同，征购下辖村委会的800多亩丘陵、荒地以及2.5平方公里的海堤及滩涂，随后与用地单位签订供地合同，把这些地有偿转让销售给几家开发公司，兴办旅游开发区，共获得购地款1 068万元。根据有关法律和合同规定，这笔购地款中的932万元是征地费，而余下的136万元归乡政府所有。

之后，当地税务部门对该购地款征收了全额的土地使用权转让增值税，但是乡政府却提出了不同意见，认为其行为属土地使用权出让，不应该征税。乡政府进行了税收筹划，根据当时施行的《中华人民共和国民法通则》相关规定：农民集体对所属土地享有占用、使用、收益和处分的权利，包括作价和自由对外出让、赠与、转让等，使其所有权在管理上、经济上得到实现。

虽然税务部门对此也有争议，但是乡政府利用税法中没具体规定的条款，达到了税收筹划的目的，减轻了自己的税负。当然，税法中有一些条文有利于企业和个人进行税收筹划，所以纳税人完全可以从税法本身入手，在不违反税法的前提下，寻找合理、有效的筹划方法。

纳税人可以利用税法中的一些选择性条文，即税法对于同一征税对象同时作了若干项并列而又不同的规定，我们可以选择对自己有利的条文执行。比如，现行《中华人民共和国房产税暂行条例》规定：房产税有两种纳税方法：一是按房屋的折余价值，以1.2%的税率征收房产税；二是按房屋的租金收入，以12%的税率征收房产税。这个时候，我们就可以选择有利于自己的方案来进行纳税筹划。

纳税人还可以利用数量性界限来进行筹划，也就是说，税法中的一些条文中有若干的数量界限，我们可以灵活地变通，想办法降低自己的计税基础或应纳税额。比如，个人所得税分为11类，征收方式、税基和税率都是不同的，这个时候，我们就可以想办法使其不超过税法规定的数量界限，减轻自己的税负。

而在企业投资、融资的过程中，也有很多筹划的方法。比如，不同的行业，税负是不同的，税收优惠政策也不同，投资者在做出投资决策的时候要学会避重就轻，选择税负轻的行业。不同性质的企业，税负也不同，如内资企业和外资企业的税负不同，普通企业和股份公司的税负不同，一般股份公司与上市公司的税负也有区别，投资者在投资的时候要考虑好企业的性质，尽可能享受优惠政策。另外，很多地区还划出了"税收洼地"，可以利用这些地区的税收优势来进行税收筹划。

最后，我们还需要注意一个问题：虽然税收筹划针对一切税种，但是因为税种的性质是有差别的，我们要选择税负弹性大、税收筹划潜力大的税种，争取节税的最大空间。

总之，筹划方案没有最好的，但是只要我们积极去探索，灵活变通，就可以找到更多适合自己、对自己有利的方法。

第二章

打好金算盘,找到纳税筹划的新思路

第1节　注重事前，不做"事后诸葛亮"

做任何事情，都要在事前统筹安排好，不能做"事后诸葛亮"。如果事先没有任何规划，事后再反思、想要弥补，恐怕很难得到好的结果。税收筹划，更是如此，它应该是事前的筹划，而不是事后的弥补。

事前筹划，对于企业管理者或财务人员来说，不仅可以规避税务风险，而且效果最明显，成本代价也最低。所以，必须在事前进行合理的规划、设计和安排。

当然，我们必须具备合理的筹划意识，这也是合理筹划取得成功的前提条件之一。事前筹划意识具体包括六点。

第一，价格筹划意识。

价格筹划意识，即纳税人进行经济活动时，要有运用转让定价进行合理筹划的意识。

转让定价是指关联企业之间，销售货物、提供劳务、转让无形资产时制定的价格。它是企业进行合理税收筹划的方法之一，尤其对于那些有一定规模、产品的品种和数量都比较多的企业来说，一个微小的价格变动，就可以让企业的成本有很大的变动。因此，我们必须具备价格筹划的意识。

第二，优惠筹划意识。

为了促进经济发展，减轻企业的税收负担，国家和地方政府都会制订一些优惠政策，免除某些特定企业应缴的全部或部分税款，或者按照其缴纳税款的一定比例给予返还。

2021年新冠肺炎疫情的暴发，导致全球经济不景气，虽然国内疫情控制得非常好，但是也受到很大影响。因此，国家出台了很多优惠政策，针对小规模纳税人的增值税由3%减征到1%；针对一般纳税人，则通过地方财政的税收返还奖励来实现。在重庆税收洼地园区的一级留存园区，地方留存的增值税和所得税返还达到了50%~70%。

假设某企业的增值税实缴200万元，企业所得税实缴100万元，那么企业利用这项优惠政策进行税收统筹，就可以实现节税的目的。

增值税返还：200×50%×70%=70（万元），企业所得税返还：100×40%×70%=28（万元），总计：70+28=98（万元）。

从上面的例子中可以看出，我们应该具有优惠筹划意识，积极运用那些有利于企业降低税负的优惠政策。

第三，漏洞筹划意识。

一个国家的税制，会有漏洞存在，如立法上的漏洞、征管上的漏洞等。

漏洞筹划意识，可以让我们进行合理的税收筹划。当然，这一切都必须在合法的范围内，不能触犯税法，违反法律法规。

第四，空白筹划意识。

什么是空白筹划意识？很简单，就是在进行经济活动时，利用税法空白进行合理税收筹划的意识。

现今，网络直播行业兴起，有关这方面的税收法律却由于技术原因而没有完善，因此很多人利用国家税收立法在这方面的空白进行合理的税收筹划。当然，这个空白必须是法律条款中客观存在的，而不是运用非法手段虚假制造出来的"空白"。

第五，弹性筹划意识。

弹性筹划意识，是指在进行经济活动时，利用税法弹性进行合理税收筹划的意识。

具体来说，弹性筹划意识就是利用税法构成要素，如税率、税额、优惠和惩罚性措施等存在一定幅度的弹性进行合理的筹划。

想要做好弹性筹划，我们就必须做到三点：其一，税率、税额最小；其二，优惠最大；其三，处罚最小。

第六，临界点意识。

在进行税收筹划时，我们要关注税法中关于某些临界点的规定，利用它进行合理的筹划，减轻企业税负。

《中华人民共和国土地增值税暂行条例》规定：纳税人建造普通标准住宅出售，增值额不超过扣除项目金额20%，免征土地增值税；超过20%，应按其全部增值额计征土地增值税。我们可以利用20%这一临界点，把增值额控制在19%左右，合理地享受免税优惠。

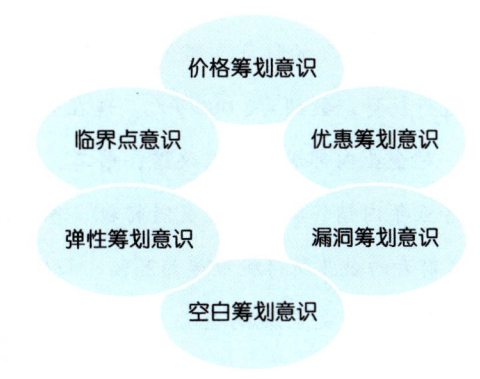

图2-1 事前筹划意识的具体内容

总之，在税收筹划中，如果事前没有筹划好，应税收入已经确定，那么筹划就失去了意义。我们一定要有合理筹划的意识，这样税收筹划的设计与安排就不会无目的、无原则，也不会出现筹划不周的情况。

第2节 放弃优惠政策不用，是最大的愚蠢

说到税收筹划，我们最先应该想到的是如何利用税收优惠政策。因为这些政策是国家给予的、现成的有效方案，如果不使用，那就是最大的愚蠢。

当然，想要得到最大的优惠，我们就必须透彻理解这些政策，设计出最适合自己企业且最能降低企业税负的方案。

某企业购置设备前一年累计亏损额达到4 000万元，根据税法规定，这一亏损可以在其盈利后五年内税前抵扣。企业可以充分利用这一税收优惠政策，进行事前筹划，降低企业的税负。那么，应该如何筹划呢？

利用自筹资金进行投资，数额为2 000万元。现在有两种可选方案：第一，购买国产设备，对企业内部进行技术改造；第二，对外投资新办高新技术企业。假设两者五年内销售收入、应交流转税、各项费用、税前利润等各项都一致，那么前者的企业所得税税率为25%，而后者税率为15%。

现在，我们对这两个方案应缴纳企业所得税税额和税后利润进行比较。

第一方案：自筹资金2 000万元，其中1 200万元用于购买固定资产，即

国产设备，提高生产技术水平，投产三年新增利润4 000万元，全部用以弥补之前的亏损。第四年，新增利润为1 000万元，那么按照国家相关规定，企业固定资产国产设备投资额的40%可以从企业技改项目设备购置当年比前一年新增的企业所得税中抵免，可抵免企业所得税的数额为：

1 200×40%=480（万元）。

因此，企业第四年应交的所得税额为250万元，即1 000×25%=250万元，全部用于抵免设备投资款，企业实际净利润仍为1 000万元。

第五年，企业新增利润800万元，应交所得税200万元，全部抵免设备投资款，实际净利润仍为800万元。

第六年，企业新增利润800万元，应交所得税200万元，其中30万元用于抵免设备投资款。所以，企业应交所得税为170万元，实际净利润为630万元。

六年中，该企业累计新增利润6 600万元，4 000万元用于弥补亏损，实际缴纳所得税170万元，净利润为2 430万元。

第二方案：自筹资金2 000万元，企业在同一地区的高新技术开发区投资新办高新技术企业，按照《企业所得税法》规定，企业可以免征两年所得税，并按15%税率征收企业所得税。

即前两年所得利润2 000万元，退回后可全部用于弥补亏损。第三年，税前利润2 000万元，缴纳300万元所得税后，剩余1 700万元用于弥补亏损。

第四年，税前利润1 000万元，缴纳150万元所得税后，300万元用于弥补亏损，企业净利润为550万元。

第五年，税前利润800万元，缴纳企业所得税120万元，企业净利润为680万元。

第六年，税前利润800万元，缴纳企业所得税120万元，企业净利润为680万元。

六年中，企业累计新增利润6 600万元，4 000万元用于弥补亏损，实际缴纳所得税690万元，净利润为1 910万元。

利用两种方案企业都享受优惠政策，但在企业亏损的前提下，方案一在前三年可以用全部税前利润弥补亏损，而方案二则只有前两年可以用税前利润弥补亏损，导致税负加重，净利润减少。因此，应该选择第一种方案。

事实上，我们还可以利用很多优惠政策。比如，我国税法规定：在经济特区设立的从事服务性行业的外商投资企业，外商投资超过500万美元，经营期10年以上的，可以从获利年度开始，第一年免征企业所得税，第二年至第三年减半征税。

为鼓励和扶持某些地区、产业或企业的发展，照顾某些纳税人的实际困难，对农村为农业生产的产前、产中、产后服务的行业，即乡或村的农技推广站、水管站、林业站、畜牧兽医站、水产站、种子站、农机站、气象站，以及农民专业技术协会、专业合作社，对其提供的技术服务或者劳务所取得的收入以及城镇其他各类事业单位开展上述技术服务或劳务所取得的收入，暂免征收所得税。

为了促进我国社会福利事业的发展，税法规定：由民政部门兴办的福利工厂、街道兴办的非中途转办的社会福利生产单位，凡安置"四残"（指盲、聋、哑和肢体残疾）人员占生产人员总数35%以上，暂免征收所得税；凡安置"四残"人员占生产人员总数的比例超过10%但未达到35%的，减半征收所得税。

除此之外，为了照顾建筑业、交通运输业、邮电通信业和文化体育业，国家还对一些特殊的行业实行减免增值税的优惠政策。其中包括托儿所、幼儿园、养老院、残疾人福利机构提供的养育服务、婚姻介绍、殡葬服务；残障人员个人提供的服务，即残障人员本人为社会提供的服务；学校和其他教育机构提供的教育服务、学生勤工俭学提供的劳务；纪念馆、博物馆、文化馆、美术馆、展览馆、书画院、图书馆、文物保护单位举办文化活动的门票收入，等等。

总之，无论是所得税、消费税还是增值税，国家都有相应的优惠政策，只要我们熟读税法，善于利用这些优惠政策进行规划和设计，那么减轻税负就变成了轻松的事情。

第3节　从源头做文章，在成本上下功夫

税收筹划，目的是实现成本费用最小化、利润最大化。所以，从成本上下功夫，才是减轻企业税负最根本的手段。

企业可以通过对成本费用项目的组合与核算，使其达到最佳值，进而实现少纳税或不纳税的目的。这种方式是对成本费用的管理，更是税收的筹划与设计。

企业应缴纳的所得税是由所得额和税率直接决定的。那么，在税率既定的情况下，企业就需要尽量增加准予扣除的项目，即在遵守财务会计准则和税收制度的前提下，把企业发生的准予扣除的项目充分列支。这样一来，成本增加了，企业的所得额减少，应缴纳税额相应地减少了。

那么，我们应该如何进行筹划呢？

第一，存货计价法。

存货是企业在生产经营过程中，为消耗或销售而持有的各种资产，包括各种原材料、燃料、包装物、低值易耗品、在产品、产成品、外购商品、协作件、自制半成品等。

存货计价法是计算存货、材料成本时，所采取的使成本值最大的计算方法。这种计算方法，对于产品成本、所得税税额都有很大影响，有利于企业降低税负。

《企业会计准则》规定：纳税人的商品、材料、产成品和半成品等存货的计价，应当以实际成本为原则。各项存货的发出和领用，其实际成本价的计算，可以选择先进先出法、加权平均法、移动平均法、个别计价法和后进先出法等方法。

下面我们来看看这五种方法的区别。

（1）先进先出法。

先进先出法是以材料先入库则先发出为前提，并根据这一假定成本流转顺序对发出材料和结存材料进行计价。也就是说，材料费用进入成本时，是按照材料的入库时间来计算的，先入库的材料优先计入成本。

这种方法的工作量很大，但是企业期末存货成本比较接近市场价值，而当物价下降时，可以低估企业存货的价值，减低当期利润。

（2）加权平均法。

加权平均法即用期初存货数量和本期各批收入的材料数量作权数计算，取其平均值。

这种方法比较简单，在月末进行一次计算即可，对成本的分摊也比较平均。

（3）移动平均法。

移动平均法即每一次收到材料后，以各批收入数量与各批收入前的结有数量为权数，然后再计算出其平均值。

利用这种计算方法，材料每次入库时，都需要根据库存材料的数量和总成本计算出新的平均值，并且要以新的平均值确定领用或发出材料的计价。

移动平均法更有利于管理者及时了解存货情况，并且对于发出和结存的存货成本有一个客观的计算。

（4）个别计价法。

个别计价法即每次领用或发出材料时都查明其生产或采购成本，然后将其作为该材料的成本。

这种方法的工作量也很大，但是更合理、准确。

（5）后进先出法。

后进先出法与第一种方法相对应，即以后入库的材料先发出为依据，企业每次领用或发出的材料是后入库的材料，期末库存材料则是最先入库的材料。

这种方法的好处是在物价持续增长时，发出存货按照最近收货的成本计算，可以使当期成本上升，使得企业利润降低，减少企业税负。

不同的计价方法，对于企业成本多少、利润多少、纳税多少的影响是不同的。所以，我们可以进行合理的税收筹划。

某企业在2021年共进货六次，每件商品进货成本分别为13元、17元、20元、19元、18元、20元，数量分别为12 000、12 000、5 000、18 000、1 000、12 000。该年度售出10 000件产品，市场售价每件为35元。除材料费用外，其他开支每件为10元。适用税率为25%。

我们采用不同的材料成本核算方法进行筹划。

我们先使用先进先出法来计算。

材料费用=13×10000=130000（元）；

成本总额=130000+10×10000=230000（元）；

销售收入=35×10000=350000（元）；

利润额=350000-230000=120000（元）；

应纳所得税额：120000×25%=30000（元）。

接下来，我们使用加权平均法。

平均成本价=[（12000×13）+（12000×17）+（5000×20）+（18000×19）+（10000×18）+（12000×20）]/（12000+12000+5000+18000+10000+10000）=18.24（元）；

材料费用=18.24×10000=182400（元）；

成本总额=182400+10×10000=282400（元）；

销售收入=35×10000=350000（元）；

利润额=350000-282400=67600（元）；

应纳所得税额：67600×25%=16900（元）。

最后，我们使用后进先出法。

材料费用=20×10000=200000（元）；

成本总额=200000+10×10000=300000（元）；

销售收入=35×10000=350000（元）；

利润额=350000-300000=50000（元）；

应纳所得税额：50000×25%=12500（元）。

由此可见，采用后进先出法，企业应缴纳所得税额比较低。所以，在实际生产经营中，我们应该采取这种方法进行存货计价，进而减轻企业的税负。

当然，采用哪一种存货计价方法有一定的规律，一般来说，当材料价格不断上涨时，后进的材料先出去，计入成本的费用就比较高，所以应该采用后进先出法，把当期的材料费用尽量扩大，减少当期的利润；当企业正处于所得税的免税期时，当期的利润越高，得到的免税额就越多，这时，则应该选择先进先出法，减少材料费用的当期摊入，扩大当期的利润。

需要注意的是，无论采取哪一种计价方法，在一定期限内不能随意改变，所以我们在选择存货计价法时，必须要谨慎，从长远考虑，而不能只看眼前。

第二，折旧计算法。

我们都知道，企业固定资产的损耗主要有两种，即有形损耗和无形损耗。有形损耗是指在使用过程中，固定资产因为使用和自然力影响而引起的使用价值和价值的损耗；无形损耗是指因为技术进步而引起的使用价值和价值的损耗。

计提折旧是对固定资产予以补偿的一种基本途径，也就是说，我们可以把固定资产以折旧费用的形式分期计入产品成本和费用，进而使其得到及时补偿。因为折旧需要计入成本，所以它直接关系成本以及纳税额的多少。

计提折旧的方法很多，如使用年限法、产量法、双倍余额递减法和年数总和法等。接下来，我们简要地介绍使用年限法和加速折旧法这两种方法。

（1）使用年限法。

使用年限法即按照固定资产的预计使用年限平均计算，用公式来表示：

$$固定资产年折旧额 = \frac{原始价值 - 预期残值 + 预期清理费用}{预计使用年限}$$

(2)加速折旧法。

加速折旧法又称递减折旧费用法,是指固定资产每期计提的折旧费用,早期提得多,后期提得少,呈现递减的趋势。

加速折旧有多种方法,主要有年数总和法及双倍余额递减法。用公式来表示：

$$年折旧率 = \frac{折旧年限 - 已使用年限}{折旧年限 \times (折旧年限 + 1)/2} \times 100\%$$

年折旧额 =（固定资产原值 - 预计残值）× 年折旧率

$$年折旧率 = \frac{2}{折旧年限} \times 100\%$$

年折旧额 = 固定资产账面价值 × 年折旧率

不同的折旧方法,直接影响到纳税额的多少,我们可以利用这些差异进行税收筹划,选择最优的折旧方案。

某企业固定资产原值为180 000元,预计残值为10 000元,使用年限为五年。五年内企业未扣除折旧的利润和产量分别为100 000元、1 000件；90 000元、900件；120 000元、1 200件；80 000元、800件；76 000元、760件。该企业适用25%的比例税率。

$$每年折旧额 = \frac{可使用年限}{使用年数总和} \times (固定资产原值 - 预计残值)$$

使用年数总和 = 1+2+3+4+5 = 15。

第一年折旧额：$\frac{5}{15} \times (180000 - 10000) = 56666$（元）。

利润额：100000-56666=43334（元）。

应纳所得税额：43334×25%=10833.5（元）。

第二年折旧额：$\frac{4}{15}$×（180000-10000）=45333（元）。

利润额：90000-45333=44667（元）。

应纳所得税额：44667×25%=11166.75（元）。

第三年折旧额：$\frac{3}{15}$×（180000-10000）=34000（元）。

利润额：120000-34000=86000（元）。

应纳所得税额：86000×25%=21500（元）。

第四年折旧额：$\frac{2}{15}$×（180000-10000）=22666（元）。

利润额：80000-22666=57334（元）。

应纳所得税额：57334×25%=14333.5（元）。

第五年折旧额：$\frac{1}{15}$×（180000-10000）=11333（元）。

利润额：76000-11333=64667（元）。

应纳所得税额：64667×25%=16166.75（元）。

五年累计应纳所得税额为：

10833.5+11166.75+21500+14333.5+16166.75=74000.5（元）。

可见，后者纳税额度比较高，我们应该选择前一种折旧法。

第三，费用分摊法。

费用，是指企业在生产经营过程中所产生的耗费，分为生产经营成本和期间费用。费用支付减少，可以增加企业利润；而费用增加，则会造成企业利润减少，进而影响纳税额的增加。比如，我们可以利用工资费用的列支，包括改变董事、监事的酬劳支付方式，把后勤、辅助部门职工工资与生产车间职工工资进行分离的方式来增加费用。

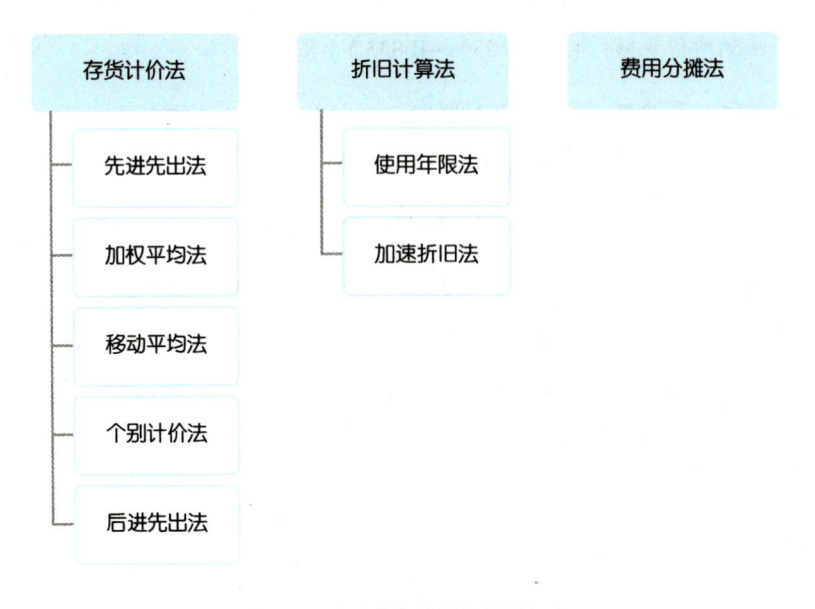

图 2-2　涉及成本的税收筹划方法

总之，进行税收筹划，我们必须从源头抓起，从成本上下功夫，从细节处着手，实现减轻税负的目的。

第4节　转让定价，"一个愿打，一个愿挨"

什么是转让定价？很简单，就是在经济活动中，有经济联系的企业为了均摊利润或转移利润，在产品交换或买卖过程中，不依照市场买卖规则和市场价格进行的产品或非产品转让。这种交易的目的是最大限度维护企业的利益，通过合理的筹划，可以实现少纳税甚至不纳税的目的，因此这也是很多企业使用的方法。

但是，转让定价有一个前提，那就是必须发生在关联企业之间。而关联企业就是那些在管理、控制或资本等方面存在直接或间接关系的企业，其中包括总机构与其分支机构、同一总机构的不同分支机构、母公司与子公司、同一母公司的不同子公司等。

《国家税务总局关于完善关联申报和同期资料管理有关事项的公告》规定：相互间直接或间接持有其中一方的股份总和达到25%或以上的；直接或间接同为第三者拥有或控制股份达到15%或以上的；企业与另一企业之间借贷资金占企业自有资金50%或以上，或企业借贷资金总额的10%是由另一企业担保的；企业的生产、经营活动必须由另一企业提供特许权利（包括工业产权、专有技术等）才能正确进行的，都属于关联企业。

那么，如何采用转让定价的方式进行税收筹划呢？

生产企业和商业企业所承担的税负不一样，如果后者承担的税率比前者高，那么企业之间就可以通过某种契约的形式，增加生产企业利润，减少商业企业利润，使得共同承担的税负达到最少。

某集团生产某种畅销产品，2020年度共销售10 000件，市场售价每件为2 000元，生产成本为1 000元，销售费用为500元，暂不考虑其管理费用及财务费用。适用所得税税率为25%，那么，该集团2020年应缴纳所得税额为：

[（2000-1000-500）×10000]×25%=1250000（元）。

2021年1月，该集团新成立一家具有独立法人资格的销售公司，主要业务为销售该产品，销售价格每件为1450元，销售数量与去年相同。销售子公司适用所得税税率为20%，那么该集团应缴纳所得税额为：

[（1450-1000）×10000]×25%=1125000（元）。

销售公司应缴纳所得税额为：

[（2000-1450-500）×10000]×20%=100000（元）。

共缴纳所得税为：

1125000+100000=1225000（元）。

显然，后者比前者少缴纳所得税额25 000元。

如果该集团进行合理的筹划，把产品以低于市场价的水平（如每件为1 300元）卖给销售公司，即把部分利润转让给销售公司，那么通过定价转让，就可实现少缴税的目的。

集团缴纳所得税额为：

[（1300-1000）×10000]×25%=750000（元）。

销售公司应缴纳所得税额为：

[（2000-1300-500）×10000]×20%=400000（元）。

共缴纳所得税为：

750000+400000=1150000（元）。

由此可见，转让定价后比未转让定价前少缴纳税额：

1225000-1150000=75000（元）。

需要注意的是，想要利用这个方法，关联企业必须存在不同的税率，且必须在遵守税法的前提下进行合理的税收筹划。在市场经济机制下，虽然集团的利润低了，但是这种方式却对平均利润进行了调整，属于真正的"一个愿打，一个愿挨"。

然而，如果在转让定价过程中，企业违反了经济规律，比如以低于成本价的价格进行转让，那么应被视为非合理的行为。这样一来，税务机关不仅会对其进行重新定价，核补税款，还可能给予其经济处罚。

事实上，不管是具有一定规模的只生产单一产品的企业，还有生产多种产品的企业，其经济利益都受到产品价格变动的直接影响。所以，我们需要对价格制度和转让进行深入研究，制订出最有利、最适合自己的筹划节税方法。

一般来说，筹划方法有两种：其一，当A企业所得税税率较高时，采取低价出、高价进的方式，让B企业获得更多利润，以达到减少所得税缴纳的目的；其二，当B企业所得税税率较高时，则需要采取高价进、低价出货给A企业的方式，来减少所得税的缴纳。

除了以上我们提到的方式，在实际操作中，还有四种形式。

第一，抬高定价。

因为企业的利润是可以控制的，实行高税率增值税的企业，在向低税负的关联企业购进产品时，可以采取抬高定价的方式，把利润转让给对方。这样不仅可以减少其所得税税负，还可以增加本企业的增值税扣税额，减轻增值税税负。

第二，增加或减少贷款利息。

关联企业之间往往存在占用资金的情况，而在借贷业务中，如果我们能适当增加或减少贷款利息，对利润进行转移，也可以实现少缴纳税负的目的。比如，贷款利息可以作为费用在缴纳所得税税前扣除，那么关联企业就可以通过贷款业务，调整利息的高低来获得最佳收益。对于低税负的企业，可以在贷款时降低利息，甚至不收利息，减少其生产费用，增加其利润。相反，对于高税负企业，可以在贷款时提高其利息，增加成本支出，适当降低利润水平，进而减轻该企业的税负，实现净利润的最大化。

第三，转让和使用专利、专有技术、商标等无形资产。

与其他转让定价方式相比，无形资产的转让定价更为方便，关联企业可以通过这种方式来调节利润。比如，我国税法规定：技术转让免征增值税，企业所得税也有一定的减免。企业可以把技术专利转让给相关联的子公司，收取一定的转让费，利用利润的转移来追求税收负担最小化。

第四，租赁。

这种税收筹划可以分为两种方式，一是利用自定租金来筹划；二是利用国家之间折旧规定的差异来进行筹划。

按照我国税法规定：一般企业纳税人，其有形动产租赁的增值税税率为17%；小规模纳税人的税率为3%。

A企业和B企业是同一集团下的子公司，A企业税负比较高，B企业税负比较低，集团购买机器设备时，可以以最低价格租给低税负的B企业，以高价租给高税负的A企业，实现转移利润的目的。

而对于两个处于不同国家规定下的关联企业，可以利用设备租赁业务重复计提两次折旧，即把投产不久的设备先出售，再租赁回来，那么同一设备可以享受首年折旧免税额，承租方还可享受一定的优惠，即从利润中扣除设备租金。这样一来，企业就可以实现经济利益的最大化。

第5节　巧签合同——智慧经营的体现

企业在采购、销售环节都需要签订经济合同，合同签订之后，就必须按照规定的条款来进行经济活动。因此，签订合同时，企业需要根据自己的实际情况和税收的相关政策来进行税收筹划，尽可能利用有利于自己的条款来为企业节省税款。

那么，我们应该如何利用合同来进行税收筹划呢？

第一，在合同中明确相关价格是否含增值税。

很多企业通常会关注合同中是否明确价格，却忽视了价格中是否含增值税，这一点可能会造成企业纳税额的增多或抵扣额的减少，进而加重企业的税负。所以，在签订经济合同时，一定要明确价格中是否含增值税。

某企业购进所需原材料，与对方企业签订经济合同，如果这批原材料的价格为100万元，合同上明确价格中含增值税，增值税税率为13%。那么支出的这100万元，可抵扣进项税额为11.51万元，实际成本为88.49万元。但是如果合同中明确不含增值税，增值税税率为13%。那么支出的这100万元，可抵扣进项税额为13万元，实际成本为100万元。

从上面的例子可以看出，对于购进原材料的企业来说，当合同中明确价格含增值税时，实际成本比较低，净利润比较高。但是对于销售企业来说，当合同中明确价格不包含增值税时，则可以多获得相应利润。

第二，在合同中明确哪一方是税收的直接承担者。

在经济合同中，我们必须要明确哪一方是税收的直接承担者，因为这关系到企业税负的大小。比如，在采购固定资产时，支出金额巨大，签订合同时不明确承担税费的直接承担者，很可能让企业承担更多的税费。

A企业购买一处厂房,价值为200万元,由卖家B企业承担相关契税、印花税以及手续费。双方在合同中明确了这些条款,即B企业承担契税、印花税以及买卖手续费,但是由A企业代收代缴。A企业支付厂房价款时,直接扣除相应的契税、印花税以及买卖手续费。之后,A企业需要到当地税务机关进行缴纳,并且凭借缴费凭证办理过户手续。

但是,如果合同中没有明确这些条款,只规定由B企业承担相关契税、印花税以及手续费,A企业就可能因为不按时缴纳税费而遭到处罚。因为税法和合同法是独立的,税务机关在征收税款时按照相关税法来执行。根据税法规定:在我国境内转让土地、房屋权属,承受者即契税、印花税的纳税人。也就是说,即使在合同中已经明确由B企业缴纳契税、印花税等,但是A企业仍是纳税人,是缴纳这些税款的直接承担者。B企业可以代缴,但是如果B企业不代缴,那么延期缴纳税款和漏税的责任就由A企业来承担,否则就会涉嫌偷税,不仅要缴纳相关税款和滞纳金,甚至还要承担相应的罚款。

第三,在合同中明确销售方式。

《增值税暂行条例》规定:增值税的纳税期限分别为1日、3日、5日、10日、15日、1个月及1个季度。具体纳税期限,由主管税务机关根据纳税人应纳税额的大小分别核定;不能按照固定期限纳税的,可以按次纳税;以15日或1个季度为纳税期的,至期满之日起5日内预缴税款,于次月1日起15日内申报纳税并结清上月应纳税款。

《增值税暂行条例》同时还规定:纳税人进口货物,应当自海关填发海关进口增值税专用缴款书之日起15日内缴纳税款。

根据这些规定,增值税纳税期限最长只有1个月,并且必须在次月15日内缴清税款。

我们想要对税收进行筹划，就需要推迟纳税义务发生时间，即在签订经济合同时，明确最适合自己的结算方式。比如，我们可以选择赊销或分期收款的结算方式，并且在合同中约定收款日期；如果企业的产品销售对象是商业企业，且有一定赊欠期限，可以在合同中约定采用委托代销的结算方式，根据实际收到的款项来分期计算销项税额。这些问题我们将在之后的章节中详细阐述，这里就不再赘述。

第四，在合同中分解销售额。

我们可以在合同中分解企业的销售额。比如，采用合同分立的方式，分别与对方签订合同，减少应纳税额的税基。

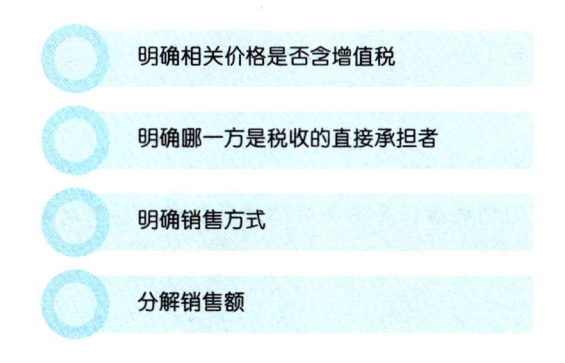

- 明确相关价格是否含增值税
- 明确哪一方是税收的直接承担者
- 明确销售方式
- 分解销售额

图 2-3　如何利用合同进行税收筹划

某企业将闲置厂房及设备整体出租，租金分别为每年100万元和20万元。其中房产税以租金收入的12%计算缴纳，增值税税率为5%。而机器设备出租，增值税税率为13%。如果不分立合同，把厂房和机器设备整体出租，机器设备就会被视为房屋整体的一部分，也要并入房产税税基（在这里，我们暂时不计所得税、城市维护建设税等）。

企业应缴纳税额计算如下：

房产税：

（100+20）×12%=14.4（万元）。

增值税：

（100+20）×5%=6（万元）。

共计：

14.4+6=20.4（万元）。

如果分立合同，或在合同中分别核算厂房和机器设备的租金，那么机器设备就不会被并入房屋整体中。企业应缴纳税款计算如下：

房产税：

100×12%=12（万元）。

增值税分别为：

100×5%=5（万元），20×13%=2.6（万元）。

共计：

12+5+2.6=19.6（万元）。

可见，经过筹划之后，企业共缴纳的税款比未筹划前节省0.8万元，总体税负降低了。

第6节　筹划也有风险，这些风险需谨记

风险无处不在。税收筹划也存在一定的风险，因为各种不确定因素有可能导致筹划目标无法实现。

税收筹划风险主要有政策性风险和经营性风险这两种。

图 2-4 税收筹划风险

第一，政策性风险。

政策性风险是指纳税人进行税收筹划时，因为筹划方案与现行的税法政策和规定冲突，导致存在经济利益的流出或承担法律责任的风险。

纳税人因为不够专业，对于相关法律条款的理解不够准确，所以在操作上出现偏差，引发税收筹划的政策风险。此外，税收政策并不是一成不变的，如果纳税人不了解国家最新的税收调整政策，仍根据旧的税收政策来进行税收筹划，就会把不合法的筹划行为误当成是合法的筹划行为，导致税收筹划的失败。

我国现有的税收法律法规层次较多，如果纳税人不能深入研究、多加思考，就可能理解错误，进而导致筹划风险的产生。

某超市打算在店庆期间进行促销活动，并制订了"买100元日化产品赠送20元同类产品购物券"的促销方案。

赠购物券，属于"返券"的促销方式。按照《增值税暂行条例》规定：将自产、委托加工或者购进的货物无偿赠送给其他单位或个人的，赠品应视同销售，应计算缴纳增值税。

因为该超市负责人理解不够准确，采取了这种筹划方式，所以企业应缴纳的增值税并没有减少。

如果企业理解准确，采取打折促销的方式，即把日化产品和同类产品组成促销装，价格仍为100元，但直接打八折销售，那么就可以减少应税额，进而降低税负。

第二，经营性风险。

市场瞬息万变，纳税人往往面临各种经营性风险，有可能是投资决策不当引起的，也有可能是忽视成本开支引起的，还有可能是筹划方案执行不当引起的。

某企业为了减轻自身税负，进行了税收筹划，方案如下：在某"税收洼地"新注册成立一家策划公司，负责相关行业的项目策划，这样就可以利用支付策划费的方式，把企业利润转移到策划公司，利用"税收洼地"的优惠政策来节税。

这个筹划思路是可行的，但是在执行时出现了问题。该策划公司并没有开展其他业务，客户只有这家企业。而且，该企业支付给策划公司的策划费远高于市场水平，甚至高于市场价几倍。

于是，经过当地税务机关核查，认定该企业存在偷税、逃税行为，不仅追缴其增值税和所得税以及滞纳金，还给予相应处罚。

税收筹划可以让企业节税，但是也有风险。如果企业管理者和财务人员没有专业的税收知识，或筹划方式执行不当，就可能达不到预期效果，甚至适得其反——轻则不能实现节税的目的，重则违反税法而受到处罚。

那么，在税收筹划过程中，我们如何合理地防范和控制风险呢？具体需要做到以下五点。

第一，树立风险意识，建立有效的风险预警机制。

无论是管理者还是财务人员，都需要树立税收风险意识，对于可能存在的筹划风险有充分的认识与预估。因为我国税法更新比较快，只有及时对相关法律、财务、税务、风险管理进行学习，才能避免出现差错。

同时，我们需要建立有效的风险预警机制，充分利用现代化技术建立一套科学、快捷的财务风险预警体系，一旦筹划风险产生，能及时找到根源，并且有效地解决问题，减少企业的损失。

第二，准确及时地把握税法以及相关政策。

企业管理者和财务人员必须适时关注税法以及相关政策的变动，全面了解其条款、优惠政策等。只有这样，我们才能从不同的筹划方案中选择出最优的方案，让企业的经济利益最大化。

第三，加强不同部门之间的配合。

纳税，不是一个部门的事情，当然，税收筹划也不是一个部门的事情。想要避免税收筹划风险，就需要各个部门之间开展良好的合作与配合，并且把税收筹划纳入本部门的工作内容之中。这样一来，方案的执行才能真正到位，而且不容易出现偏差。

第四，保证税收筹划方案的灵活性，适时调整筹划方案。

在进行税收筹划时，我们应该根据自身的实际情况制订筹划方案，并且保持其灵活性。当税法发生变化时，要及时根据相关政策来调整方案。在调整方案时，不仅要重新对项目进行审查和评估，还要具体问题具体分析，而不是一味地"延续"之前的方案。

第五，注重与当地税务机关的联系与沟通。

税务机关作为政府行政管理部门，对于纳税人的行为依法享有一定的自由量裁权和认定权限。企业多与税务机关联系，充分了解当地税收征管的特点和具体要求，可以避免违反税法的行为。同时，注意与税务机关的沟通，可以更易使自己的筹划方案事前得到其认可，让企业的税收筹划更成功。

第三章

增值税筹划,力求实现企业价值最大化

第1节　身份转换，税负也减小

按照生产经营规模和会计核算是否健全这两个因素，我国把增值税纳税人划分为一般纳税人和小规模纳税人。

小规模纳税人，是相对一般纳税人来说的，即年销售额在规定标准以下，而且会计核算不健全，不能准确申报缴纳增值税的企业。

事实上，最关键的因素是会计核算是否健全。也就是说，即使企业的年销售额在规定标准以下，但是只要会计核算健全，也会被认定为一般纳税人。然而，与之相矛盾的是，会计核算是否健全没有量化标准，所以税法中通常是以年销售额作为标准。因为年销售额越高的企业，一般来说其会计核算也有可能越健全。虽然这不具有绝对性，但是具有普遍意义。

具体来说，年销售额标准符合以下两个条件，就会被定义为小规模纳税人。其一，从事货物生产或提供劳务的企业，或从事货物生产或提供劳务为主，并兼营货物批发或零售的企业，年应税销售额在100万元以下；其二，从事货物批发或零售的企业，年应税销售额在180万元以下。

一般纳税人与小规模纳税人是根据年销售额来区分的，那么企业在进行税收筹划时，就一定要考虑企业规模、年销售额的问题，在适当时选择企业分立的方式来实现纳税人身份的转换，进而实现节税的目的。

比如，"营改增"征收后，根据《增值税一般纳税人管理办法》规定：

转登记日前连续12个月（以1个月为1个纳税期）或者连续4个季度（以1个季度为1个纳税期），累计销售额未超过500万元的一般纳税人，在2019年12月31日前，可以选择转登记为小规模纳税人。获得批准后，2020年后，企业就可以通过分立的方法，降低增值税税负。

某企业为增值税一般纳税人，2019年预计销售总收入24 000万元，设备安装总收入230万元（含税），安装劳务耗用的购进货物预计金额为25万元。税法规定，一般纳税人适用税率为13%，而小规模纳税人销售货物或应税劳务的税率为3%。那么，企业就可以进行分立，把安装业务分立为独立的安装公司，使其成为小规模纳税人，进而减少增值税的缴纳，减轻企业的税负。

除此之外，从事混合销售行为的企业也可以进行分立，成立交通运输、租赁、劳务服务等独立的公司，使其成为增值税小规模纳税人，从而适用较低的征收率。

一般纳税人可以转换为小规模纳税人，小规模纳税人也可以转化为一般纳税人。作为商业企业，一般纳税人的税率为销售总额的1%，而小规模企业的增值税税率则是3%。小规模纳税人的税负比较重，不能开具增值税专用发票，因此不能抵扣进项税额。这时，小规模企业就应该积极地筹划，争取把自己的身份转化为一般纳税人。

那么，应该如何转化呢？合并是一个渠道。合并之后，企业的规模就扩大了，规模扩大了，年销售额就能够达到标准，会计核算也就健全了，那么减负、增加利润就不再困难了。

A企业属于小规模纳税人，年应税销售额70万元，购货金额为68万元，不含税。B企业为商业企业，年应税销售额45万元，购货金额为42万元，不含税。那么两者应缴纳的增值税计算如下：

A企业：70×3%=2.1（万元）。

B企业：45×3%=1.35（万元）。

共计：2.1+1.35=3.45（万元）。

假设两者为关联企业，为了税收筹划而进行身份转换，A企业合并B企业，申请成为一般纳税人，那么应缴纳增值税为：

（70+45）×13%－（68+42）×13%=14.95-14.30=0.65（万元）。

这比合并前少缴纳增值税2.8万元，明显降低了税负。

纳税人身份的转化有多种方案，这些方案有时可以帮助我们节省税收几十万元，是对我们有利的。但需要注意的是，身份转换看上去简单，但是具体实行起来需要考虑很多因素。比如，我们需要认真考虑两种不同身份的纳税负担各是多少，然后再决定是否进行分立或合并。如果筹划之后，税负没有明显降低，甚至被费用抵消，那么就没有筹划的必要。如果筹划之后，尤其是分立出独立的企业之后，其竞争力削弱，不利于整个企业的长远发展，那就更得不偿失了。

同时，一般纳税人和小规模纳税人在税款计算方法、使用税率以及管理办法上都存在着不同，所以选择转换身份时，除了要考虑税收负担的问题，还必须注意四个问题：一般纳税人的经营规模往往比小规模纳税人大；一般纳税人的信誉往往要比小规模纳税人的好；从一般纳税人那里购货可以抵扣进项税额，而从小规模纳税人那里购货却不能抵扣进项税额；一般纳税人的增值税征收管理制度比较复杂，需要大量的人力、财力和物力，纳税成本也比较高。

此外，我们还可以选择兼营免税、减税项目的方式来进行节税。相关税法规定：纳税人兼营免税、减税项目的，应当分别核算免税、减税项目的销售额。

某企业为增值税一般纳税人，生产免税产品和应税产品。2021年8月销售收入为1 000万元，其中免税产品销售收入600万元，应税产品销售收入400万元，购入原材料560万元，进项税额为72.8万元。销售额不含税，税率为13%。

如果销售额分别核算，兼营项目就不能抵扣进项税额，即增值税额为：400×13%=52（万元）。

如果不分别核算，就可以抵扣进项税额，即增值税额为：
1000×13%−72.8=57.2（万元）。

从上面的例子中可以看出，我们在进行税收筹划时，需要对企业的销售额分开进行核算。

第2节　灵活变通，巧妙选择销售方式

一家企业的应税销售行为可能兼有不同的税率和征收率，有的税率高，有的税率低。此外，同一个税种中也存在不同税率的项目，比如，增值税中存在适用不同税率的征税项目，有的项目适用税率为13%，有的项目适用税率为9%（混合销售，分开核算，一律从高）。所以，我们要灵活变通，巧妙地选择销售方式来进行税收筹划。

销售行为可以分为兼营销售和混合销售。兼营销售是企业的生产经营活动既存在属于增值税征收范围，也存在不属于增值税征收范围的销售货物或非应税劳务的销售行为。而混合销售是既涉及货物又涉及非应税劳务的销售行为。

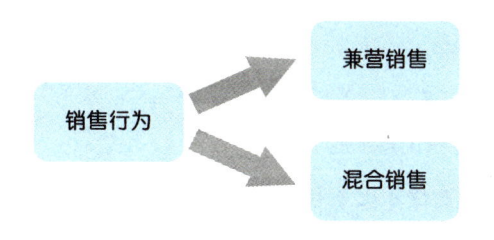

图 3-1 销售行为的分类

首先，我们先来了解兼营销售。兼营销售包括三种情况：其一，企业在同一个税种中兼营不同税率的项目；其二，企业经营的项目适用不同的税种和不同的税率；其三，企业在同一税种中兼营应税项目和免税项目。

具体来说，增值税实行的是产品差别比例税率，销售或者进口一般货物，适用13%的税率，而销售或进口粮食、食用植物油、自来水、暖气、冷气、图书、报纸、杂志、饲料、化肥、农药、农机等，适用9%的税率；提供现代服务业服务（有形动产租赁服务除外），税率为6%。

按照《增值税暂行条例》规定：企业同时经营不同税率的产品，应当分别核算不同税率货物或者应税劳务的销售额。如果没有分别核算，按照高税率计算。所以，我们需要进行税收筹划，按照不同税率分别核算企业所获得的销售额，尽量选择较低税率，减少企业的税负。

某装饰企业属于增值税一般纳税人，销售各种装饰材料，同时也提供装修服务。该企业2021年8月销售装饰材料的销售额为120万元（不含税），同时装修队为客户装修房屋，取得劳务收入50万元（不含税），可扣除进项税额共12万元。按照税法规定，纳税人兼营非应税劳务的，应缴纳增值税，适用税率为3%。

该装饰企业应缴纳的增值税未分别核算时为：120×13%+50×13%-12=10.1（万元）。

分别核算时为：120×13%-12=3.6（万元），50×3%=1.5（万元）。

共计：3.6+1.5=5.1（万元）。

由此可见，分别核算比未分别核算少缴纳5万元。

企业无论经营不同税率的产品，还是兼营不同的项目，都应该进行税收筹划，对销售额进行分别核算。如果兼营应税项目和免税项目，更应该进行分别核算，不分别核算的话，免征优惠就如同虚设，会造成不必要的经济损失。

接下来，我们来了解混合销售行为。一般来说，混合销售行为无法分别核算，因为涉及的货物和非应税劳务有着从属关系，其劳动是为销售货物服务的。比如，机器制造企业销售一台机器，需要把这台机器运送到客户的工厂，那么该企业销售机器的行为和运输行为是不可分割的，是有着紧密从属关系的买卖行为。

那么，如何利用混合销售来进行税收筹划呢？

在筹划的过程中，我们需要对混合销售进行深入了解，找到最合适企业的筹划方式。首先，我们必须确认企业是否从事货物生产、批发或零售，同时还需要确认非应税劳务年销售额是否超过总销售额的50%。只有非应税劳务年销售额大于总销售额的50%，企业的混合销售行为才无须缴纳增值税。

但是，我们要注意纳税主体。税法对混合销售的处理规定为：从事货物的生产、批发或零售的企业、企业性单位及个体经营者，从事货物的生产、批发或零售为主，并兼营非应税劳务的企业、企业性单位及个体经营者，发生上述混合销售行为，视为销售货物，征收增值税；但其他单位和个人的混合销售行为，视为销售非应税劳务，不征收增值税。"以从事货物的生产、批发或零售为主，并兼营非应税劳务"，是指纳税人年货物销售额与非应税劳务营业额的合计数中，年货物销售额超过50%，非应税劳务营业额不到50%。

最后，我们还需要了解企业从事兼营业务又发生混合销售行为的情况。假设混合销售行为较多，金额较大，并超过年销售额的50%，那么我们就需要增加非应税劳务的营业额。这样一来，就可以不缴纳增值税，从而减轻自身的税负。

其实，兼营销售和混合销售的税收筹划原理相似，都是通过调整营业税和增值税来实现节税的目的。

第3节 起征点不同，压力也不同

根据《中华人民共和国增值税暂行条例》规定：如果纳税人销售额未达到规定的增值税起征点，不需要缴纳增值税。只有达到增值税起征点，才需要全额缴纳增值税。但是，免征增值税起征点的适用范围只限于个人，包括个体户。

同时，增值税的起征点幅度如下：

销售货物，为月销售额5 000~20 000元（含本数）；销售应税劳务，为月销售额5 000~20 000元（含本数）；按次纳税，为每次（日）销售额300~500元（含本数）。

起征点由财政部和国家税务总局来调整，但是，各省、自治区、直辖市财政厅（局）也可以根据本地的实际情况，在规定的幅度内进行调整，确定适合本地税收和经济发展的起征点。

起征点的不同，为企业带来很多优惠，也为税收筹划带来很大的活动空间。比如，按期纳税的起征点和按次纳税的起征点是不同的，前者比后者高，我们可利用这一点来进行税收筹划。

某销售儿童食品的个体户，2021年10月的月销售额为20 000元（不含税），达到了规定的起征点标准20000元，需要全额缴纳增值税。如果该个体户按期缴纳增值税，应缴纳的税额为：

20000×3%=600（元）。

如果该个体户按次来缴纳增值税，那么就需要考虑每次的销售额。按次缴纳的增值税起征点为500元，其中七次不足500元，销售额分别为：450元、350元、400元、480元、478元、490元、350元，因为不达到起征点标准所以不需要缴纳税款。

该个体户应缴纳的增值税为：

20000-（450+350+400+480+478+490+350）=17002（元），17002×3%=510（元）。

由此可见，后者比前者节税90元。

除了按期和按次缴纳的不同，我们还可以利用一些方法，来对起征点进行筹划。

某销售水果的个体户，每月销售额为20 000元（不含税），假设2021年3~5月每月销售额分别是20 050元、20 000元、20 400元。增值税起征点为20 000元，那么未筹划前，该个体户应缴纳的增值税额为：

（20050+20000+20400）×3%=1813.5（元）。

我们对增值税进行筹划。比如，每个月的最后几天通过减价让利的方式或向希望工程捐款的方式减少销售额，那么这三个月的销售额分别为19 900元、19 000元、19 990元，那么该个体户就不需要缴纳任何增值税。

该个体户的销售额为58 890元，比之前减少1 560元，节税额为：

1813.5−1560=253.5（元）。

除此之外，土地使用权转让也需要缴纳增值税，而且因为土地转让价格比较高，增值税缴纳数额也比较大，给企业增加了比较重的税负。对于房地产开发企业来说，开发、建设、销售房地产是企业的主营业务，所以土地增值税也是最主要的税负之一。而土地增值税实行的是超额累进税率，增值多的多征，增值少的少征，无增值的不征，最低税率为30%，最高税率为60%。

同时，《中华人民共和国土地增值税法（征求意见稿）》规定：纳税人建造普通标准住宅出售，增值额未超过扣除项目金额的20%，免征土地增值税。这时，我们就可以利用起征点的不同来进行筹划。

某地产开发公司销售一批商品房，2020年销售收入为2.3亿元，其中普通住宅的销售额为1.5亿元，豪华住宅的销售额为8 000万元，可扣除项目金额为1.8亿元，其中普通住宅的可扣除项目金额为1.2亿元，豪华住宅的可扣除项目金额为6 000万元。销售额不含税。

如果普通住宅和豪华住宅不分开核算，那么该企业应纳税额如下：

增值率：（23000-18000）÷18000×100%=27.78%。

应纳税额：（23000-18000）×30%=1500（万元）。

接下来，我们分开核算。

首先，核算普通住宅。

增值率：（15000-12000）÷12000×100%=25%。

应纳税额：（15000-12000）×30%=900（万元）。

接下来，核算豪华住宅。

增值率：（8000-6000）÷6000×100%=33%。

应纳税额：（8000-6000）×40%-6000×5%=500（万元）。

但是，因为普通住宅增值率超过20%，无法享受免征土地增值税的优惠政策，因此二者共计：

900+500=1400（万元）。

从上面的例子可以看出，如果能够使普通住宅的增值率控制在20%以内，就可以大大减轻税负。当然，销售额降低，企业的净利润就随之降低，所以我们还需要考虑哪一个方案更能提高利润。我们需要把销售价格定在一个合适的水平，既能享受起征点的优惠，又可以获得较大的收益。

第4节 运输费用，能筹划就筹划

运输费用，是企业生产经营过程中通过由自己购买车辆来运输，或由专门的运输公司来运输、自己支付而产生的费用支出。

如果企业自己购买车辆进行运输，那么车辆属于固定资产，所支付的开支属于投资，其中所包含的增值税不能抵扣，所得税也不能在税前扣除，只能通过折旧的方式列入企业的生产经营成本中。不过，在运营过程中，车辆所发生的燃料和材料配件支出以及修理、保养支出则可以抵扣进项增值税，适用税率为13%。

也就是说，因为产品运输方式不同，应纳税额计算方式也不同，我们应该对于运输费用进行深入的研究，选择最合适的运输方式。当运输过程中所耗费的材料及修理、保养支出比较多时，我们应该选择自己运输的方式；当所耗费的材料及修理、保养支出比较小时，应该选择他人运输的方式。比如，运费价格中可扣税的物资耗用的比例为R，那么相应的增值税抵扣率就是13%×R。如果企业选择由专门的运输公司运输，那么就需要支付运输费，运输费可以抵扣7%的进项增值税。同时，运输公司则需要缴纳增值税，税率为3%。这意味着，该运费只有4%的抵扣率。

那么，如何进行运输费用的税收筹划呢？

某企业之前采用他人运输的方式进行运输，但随着生产规模的扩大，每月都有大量的运输任务，所以负责人准备成立一个独立运输部门，购买车辆自己运输。经过核算，购买车辆成本为210万元，每月需耗费燃油、配件和相应修理费为5 000元（含税），支付司机工资为25 000元。

企业购置的车辆为固定资产，按照四年期折旧，每年提取折旧费52.5万元，每月提取折旧费约44 000元。那么，每月耗费燃油、配件和相应修理费可抵扣进项税额为：

5000÷（1+13%）×13%＝575.2（元）。

企业每月需要支付成本为：

44000+5000+25000−575.2＝73424.8（元）。

如果我们对该企业的运输费进行筹划，成立全资子公司，独立负责该企业的运输业务，且各项费用开支与之前的运输部门相同。但是，企业每月向这家子公司支付80000元运输费，那么其运输费用支出为：

44000+5000+25000+80000×3.3%−80000×7%

=74000+2640−5600=71040（元）。

由此可见，筹划后的费用减少了2 384.8元。

除了选择自己运输和他人运输方式的不同，还存在购货方支付运费和销售方支付运费的不同。一般情况下，运费都是由购货方支付。

假设运输中，可抵扣物耗金额占运费的比重为N，运费总额为M。那么，用独立运输子公司运输，可抵扣税额=M×7%−M×3%=M×4%，而自己运输部门的可抵扣税额=M×N×13%。

当两者的抵扣税额相等时，M×4%=M×N×13%，那么N=30.76%。就是说，当运费结构中可抵扣物耗金额占运费的比重大于30.76%时，选择自己的运输部门，税负比较轻；相反，当比重小于30.76%时，选择独立的运输子公司，税负比较轻。

当销售方支付运费时，可以选择自己运输或他人运输的方式。在由其他运输公司运输时，可以选择支付运费或代购货方垫付运费这两种不同的形式。

如果想要降低税负，我们可以选择代付运费的方式，即企业与购货方签订产品购销合同，并约定运输公司的运输发票直接开给购货方，并由企业将该发票转交给购货方，企业为购货方代垫运费。如果购货方对增值税专用发票没有要求，我们还可以让自己的运输子公司来开具发票，进而实现税的筹划。

即使企业没有运输子公司，也可以交给第三方运输公司，由运输公司直接开具发票给企业，然后再由企业用专用发票统一开具给购货方。

最后，我们还要注意一个问题，那就是在税收筹划过程中，需要对比支付给专门运输公司的运输费用的高低，以及运输所产生的工资费用。只有做好全面系统的考量，才能进行更好的筹划，更好地实现节税的目的。

第5节　促销和折扣，加大筹划空间

不同的促销方式，在增值税上所享受的待遇是不同的，可以我们利用这些差异进行税收筹划。比如，企业为了吸引消费者购买产品，会采取赠送的销售策略。但是，按照增值税税法规定，赠送行为与销售行为是一样的，都需要缴纳增值税。也就是说，企业销售A产品，为了促销又赠给客户B产品，这两者都需要缴纳增值税。

因此，当我们采取赠送的促销方式时，应当进行筹划、设计和安排，把赠送行为隐藏在销售行为中，避免加重企业税负，提高企业的经济效益。

某电器销售企业销售电视机时还会赠送一些小家电，如热水壶、豆浆机、吹风机、炒菜锅等。虽然这些小家电价格便宜，而且属于促销品，但是仍需要缴纳增值税。2021年5月，该企业销售额达到15万元；每台电视机售价3 000元，小家电售价200~500元不等，折合销售额2万元；可扣除进项税税额为1.3万元。销售额不含税。

因为赠送的这些小家电也需要缴纳税金，所以该企业应缴纳增值税额为：15×13%+2×13%-1.3=0.91（万元）。

如果我们对该企业的赠送行为进行筹划，把促销品从交易价格中剥离，让促销品的价格在增值税发票中独立出来，那么就不能视为销售的商品了。

也就是说，该企业电视机售价3 000元，再赠送一台豆浆机，豆浆机价格为350元，开具发票时可以将它们分别列出，即电视机售价为2 650元，豆浆机售价为350元，那么销售额仍为15万元，应缴纳的增值税额为：

15×13%-1.3=0.65（万元）。

我们可以看出，后者比前者节税0.26万元，并没有造成税负的增加。

现今市场竞争激烈，在销售大件商品时，企业都会采取赠送小件商品的促销行为。比如，买鞋赠袜、买家具赠床上用品等。所以，在处理这些涉税业务时，我们应该谨慎思考和筹划，既能节约税款，方式又合理、合法，不会给企业带来涉税风险。

当然，筹划赠送活动的方式还有很多。比如，广告里的"加量不加价"就很典型，在数量上赠送，价格上不变，这要比赠送一些其他商品更节税。

某家装公司为吸引客户，采取装修房屋赠送电视机的促销方式。假设装修一套房屋的费用为30万元，电视机价格为5000元，可扣除进项税额共1.2万元，销售额不含税，增值税税率为9%。那么，该公司需要缴纳的增值税为：

$30 \times 9\% + 0.5 \times 9\% - 1.2 = 2.7 + 0.045 - 1.2 = 1.545$（万元）。

如果不进行税收筹划，企业就需要多缴纳450元（$5000 \times 9\% = 450$）的增值税。但是如果我们把促销方式改一下，电视机纳入装修房屋的软装中，与软装一起计价，那么就可以不用缴纳任何税收，使企业节省450元的增值税。

此外，除了例子中的促销方式，很多企业还会采用折扣的营销策略，即利用商品打七折、五折、三折的方式来给予客户一定的价格优惠，进而扩大销售量。从专业角度来说，这叫作折扣销售。

在这里，我们需要注意一点，折扣销售与销售折扣是两个不同的概念。销售折扣，是发生在销售货物之后，为了尽快收回资金而给予客户的价格优惠。它通常采用3／10、1／20、N／30等符号，其涵义是在10天内付清款项，可享受3%折扣额；在20天内付清款项，可享受1%折扣额；而在30天内付清款项，则需要全额支付。

对于企业来说，折扣销售的方式更有利于企业减少税负，因为销售折扣本身并不属于销售行为，折扣不能从销售额中减除，企业还需要按照全部销售额来缴纳增值税。因此，在进行税收筹划时，我们应该选择折扣销售的方式。

某企业与客户达成销售协议，销售额为20万元（不含税），并签订了销售折扣的合同，合同约定的付款期为30天，如果客户在15天内付款，企业给予客户3%的销售折扣，即6000元。但是因为折扣额不能从销售额中扣除，所以企业应该按照全部销售额来缴纳增值税。可扣除进项税额共1.1万元，该企业应缴纳增值税额为：20×13%-1.1=1.5（万元）。

如果我们进行税收筹划，采取折扣销售的方式，合同中金额降低为19.4万元，即20×（1-3%）=19.4（万元），相当于给予客户3%折扣。那么，该企业应缴纳增值税为：

19.4×13%-1.1=1.422（万元）。

我们可以看见，税收筹划前比未筹划前节税780元。

不过，企业必须在合同中约定，对方在20天之内付款，按照19.4万元的价款给对方开具增值税专用发票，但是如果对方没有在20天之内付款，企业就需要收取6 000元的滞纳金，并以"全部价款和价外费用"开具增值税专用发票，即按照20万元的价款开具发票。

企业在选择折扣方式时，一定要考虑如何进行税收筹划，选择更有利于自己的方式。

第6节　使用过的固定资产，也可以进行税收筹划

《财政部、国家税务总局关于旧货和旧机动车增值税政策的通知》

规定：单位和个体经营者销售自己使用过的游艇、摩托车和应征消费税的汽车，无论是一般纳税人还是小规模纳税人，都应该根据不同情况适用简易办法按3%征收率减按2%征收增值税。企业可以放弃减税，按照简易办法依照3%征收率缴纳增值税，并可以开具增值税专用发票。

计算公式如下：

销售额=含税销售额÷（1+3%）

应纳税额=销售额×2%

一般纳税人：

应纳税额=含税销售额÷（1+3%）×2%

如果企业放弃减税，则为：

应纳税额=含税销售额÷（1+3%）×3%

小规模纳税人：

应纳税额=含税销售额÷（1+3%）×2%

如果企业放弃减税，则为：

应纳税额=含税销售额÷（1+3%）×3%

那么，哪些属于使用过的固定资产呢？必须符合三个条件：其一，属于企业固定资产目录所列货物；其二，企业按固定资产管理，并确定已经使用过；其三，销售价格不超过其原值的。

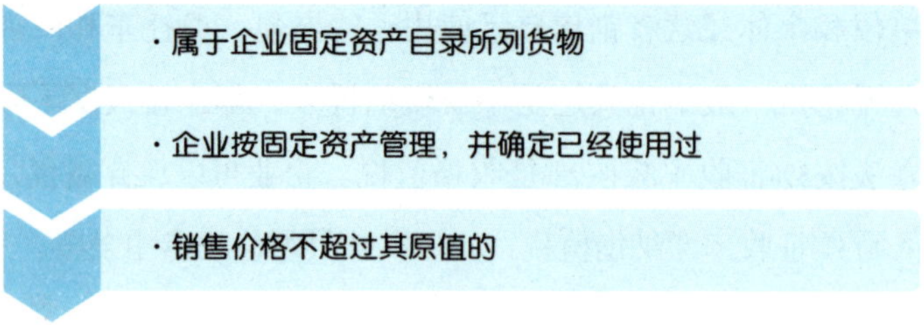

- 属于企业固定资产目录所列货物
- 企业按固定资产管理，并确定已经使用过
- 销售价格不超过其原值的

图 3-2　使用过的固定资产的条件

我们可以通过思考是否减税来进行增值税的筹划。

某企业为一般纳税人，2021年7月销售自己使用过的机器设备，销售额为100万元（含增值税），该设备于2020年9月购入，支付款项为120万元。

如果未采用减税的方式，该企业应缴纳的增值税额计算公式为：

应纳税额＝含税销售额÷（1+3%）×3%

将销售额提高到105万元，应缴纳的增值税额为：

105÷（1+3%）×3%=3.05（万元）

企业税后收入为101.95万元，客户拿到了增值税专用发票可以抵扣，税后成本为101.95万元。

采用减税的方式：

应纳税额＝含税销售额÷（1+3%）×2%

=100÷（1+3%）×2%=1.94（万元）。

企业税后收入为98.06万元，客户拿到了增值税发票后可以抵扣，成本为100万元。

可见，该企业放弃了减税的优惠政策，税后收入反而增加了3.89万元，即101.95-98.06=3.89。虽然客户的成本增加了，但是两家企业的共同利益是增加的，所以该企业需要选择放弃减税的方式进行筹划。

另外，纳税人不仅可以销售自己使用过的固定资产，还可以把抵债的固定资产变成自己的，然后再销售，同样可以享受减免销售增值税的优惠政策。在企业生产经营过程中，往往出现应收账款无法收回，购货方用自己使用过的固定资产来清偿债务的情况。这时，企业可以先将其变成自己的固定资产，然后再变成现金。

某钢材生产企业销售一批钢材给某建筑公司，销售额为100万元，增值税款为13万元。合同约定期限内，建筑公司未能支付货款，经双方协商以113万元的价格（含税）将企业的固定资产机动车进行抵债。而对于钢材企业来说，这批机动车并没有实际用处，于是决定将其销售。

但是，由于这批机动车不在企业的固定资产目录中，而且没有按照固定资产进行管理，所以无法享受相关消费税的免税待遇。

但是如果我们进行税收筹划，把这批机动车变成自己的固定资产，并且使用和管理一段时间，那么就没有问题了。

该企业应当缴纳增值税额为：

113÷（1+3%）×3%=3.29（万元）。

经过筹划之后，企业只需要缴纳3.29万元的增值税即可。

第7节　不动产比动产更易筹划

不动产，是指那些不能移动，移动后会引起性质、形状改变的财产。征税范围包括销售建筑物或构筑物及其他土地附着物。

建筑物或构筑物，是指通过建筑、安装和工程作业等生产方式形成的建筑产品。其中包括房屋，如住房、厂房、办公楼、仓库、学校、其他用房等；设备安装工程，如支柱、水塔、水池、设备基础、操作平台、各种设备的砌筑结构工程、金属结构工程；其他建筑产品，如烟囱、铁路、窑炉、公路、港口、灌渠、堤坝、水库、井等。

所谓的土地附着物，是指除建筑物、构筑物以外的其他附着于土地上的不动产，如树木、庄稼、花草等。

建筑物或构筑物
- 房屋，如住房、厂房、办公楼、仓库、学校、其他用房等
- 设备安装工程，如支柱、水塔、水池等
- 其他建筑产品，如烟囱、铁路、水库等

土地附着物
- 除建筑物、构筑物以外的其他附着于土地上的不动产，如树木、庄稼、花草等

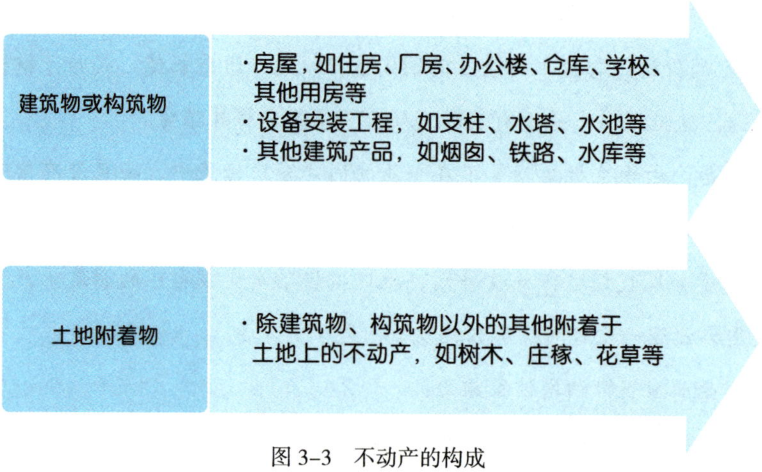

图 3-3 不动产的构成

第一，销售不动产的税收筹划。

我们需要注意六个问题。

（1）个人无偿赠送不动产的行为，不征增值税。

（2）单位将不动产无偿赠予他人，不属于有偿转让不动产，但税法中特别规定，这种行为视同销售不动产，需要缴纳增值税。

（3）企业合并、兼并过程中发生的不动产转移，不属于销售不动产。

（4）销售不动产必须是有偿转让所有权，如果只是有偿转让建筑物或构筑物的使用权，这属于租赁不动产，不属于销售不动产。

（5）以转让有限产权或永久使用权的方式销售建筑物，应该视同销售建筑物征税。

（6）以不动产投资入股，共同承担风险，参与接受方利润分配，不属于销售不动产。但是如果转让股权，则属于销售不动产。

在不动产投资中，我们可以让企业成立独立项目公司，并且申请成为一般纳税人，这样一来，企业就能够开具增值税专用发票，进而获得进项税扣除的优惠。企业还可以分立两个或两个以上的独立企业，把原企业拥有的土地、房屋权属转移或变更到独立企业中来，这样一来，企业就暂时不用缴纳增值税。除此之外，企业也可以把手中持有的项目公司的100%股权全部转让给基金，这样之后，企业就不需要再缴纳印花税，从而实现节税的目的。

第二，进项税额抵扣的税收筹划。

根据税法规定：营改增之后，企业购置或自建不动产允许进行进项税额的抵扣。

比如，4月1日前购进的不动产，没有完成抵扣的，可以选择在4月税款所属期起，自行选择任意税款所属期转入进项税额并且进行抵扣。纳税人取得不动产、不动产在建工程的进项税额不再分为两年进行抵扣。

同时，税法还规定：如果购进的货物及设计服务、建筑服务用于新建不动产，或者改建、扩建、修缮、装饰不动产并增加不动产原值超过50%，其进项税额应该自取得之日起分两年从销项税额中扣除，第一年抵扣比例为60%，第二年抵扣比例为40%。但是，如果装饰不动产，使得不动产原值增加不超过50%，进项税额可以一次性扣除，不必分为两年进行抵扣。因此，我们可以根据这项规定，通过合理控制装修费用的方式，把进项税额一次性扣除，最大限度地减少税款的缴纳。

某企业的办公大楼一直未重新装修，部分电路、电子设备、固定设施都已经老化。2020年1月，企业决定重新装修办公大楼。假设办公楼的账面原值为1 200万元，装修预算为620万元，其中采购办公设备、电子设备、装修材料等预计花费450万元，聘请装饰装潢公司设计的费用为60万元，装修装饰费用为110万元。相关费用不含税。

该企业为一般纳税人，货物或服务的供应商也是一般纳税人，所购货物和服务都可以取得增值税专用发票。那么，该企业应缴纳的增值税额为：

装修支付费用：620万元＞原值的50%，即大于600万元，所以需要将进项税额分两年抵扣。即装修费用分别在2020年抵扣60%，2021年抵扣40%。

企业购进的设备适用13%的增值税税率，设计服务适用6%的增值税税率，而装修服务则适用9%的增值税税率。

所以，2020年企业可抵扣进项税额为：

（450×13%+60×6%+110×9%）×60%=43.2（万元）。

2021年企业可抵扣进项税额为：

（450×13%+60×6%+110×9%）×40%=28.8（万元）。

如果我们对税款进项筹划，最大限度地控制装修费用，将预算压缩在600万元以内，那么就可以一次性抵扣进项税额。

假设采购办公设备、电子设备、装修材料等预计花费430万元，装修装饰费用为100万元，聘请装饰装潢公司的设计费用为60万元，总预算为590万元（不含税）。

那么，2020年企业可抵扣进项税额为：

430×13%+60×6%+100×9%=68.5（万元）。

经过筹划之后，该企业不仅降低了成本费用，还可以尽早扣除进项税额，使企业获得一笔流动资产，可以说一举两得。

第8节　利用农产品免税政策来筹划

《财政部国家税务总局关于印发〈农业产品征税范围注释〉的通知》规定：农产品是指种植业、养殖业、林业、牧业、水产业生产的各种植物、动物的初级产品。

国家为了扶持农业和农村经济发展，出台了一系列农产品税收优惠政策。比如，《中华人民共和国增值税暂行条例》中规定：农业生产者销售的自产农业产品免征增值税。其中，自产农业产品指的是直接从事植物的种植、收割和动物的饲养、捕捞的单位和个人销售的自产农业产品。

此外，对承担粮食收储任务的国有粮食购销企业销售的粮食、大豆免征增值税，这些企业还可以对免税业务开具增值税专用发票；对从事蔬菜批发、零售的纳税人销售的蔬菜免征增值税；对从事农产品批发、零售的纳税人销售的部分鲜活肉蛋产品免征增值税。但是，如果农业生产者对农产品进行深加工再出售，就无法享受免税待遇。

对农民专业合作社销售本社成员生产的农业产品，视同农业生产者销售自产农业产品免征增值税；纳税人采取"公司+农户"经营模式从事畜禽饲养，即公司与农户签订委托养殖合同，向农户提供畜禽苗、饲料、兽药及疫苗等（所有权属于公司），回收再销售的畜禽，属于农业生产者销售自产农产品，可免征增值税。

某企业为增值税一般纳税人，从事农副产品销售业务，从农场或农户手里收购鸡鸭等家禽，再销售给各饭店、酒店以及超市。因为这不属于销售自产农产品的行为，所以企业无法享受免征增值税的优惠。

之后，企业改变了经营模式，采取"公司+农户"的方式，即与农场和农户签订委托养殖合同，向农户提供鸡鸭幼苗及饲料等，三个月后再回收、销售。这种行为被视为农业生产者销售自产农产品，所以企业可以享受免征增值税优惠。

假设企业每年含税销售额为50万元，则可以节省税款为：
50÷（1+9%）×9%=4.12（万元）。

此外，一般纳税人购进农产品，可以享受进项税额抵扣优惠。比如，一般纳税人开具增值税专用发票，购进企业可以按票面注明的税额进行抵扣；企业购进进口原辅材料，可以按海关进口增值税专用缴款书注明的税额进行抵扣；向农业生产者购进的自产农产品，可以凭农副产品收购发票或自产农副产品销售发票抵扣进项税额。在实践中，以上抵扣优惠需要根据具体的产成品确定。

购进农产品，除了取得增值税专用发票或海关进口增值税专用缴款书之外，按照农产品收购发票或者销售发票注明的购入价和9%的扣除率计算进项税额。其计算公式为：

进项税额=买价×9%

根据以上规定，我们可以利用农产品相关优惠政策来进行税收筹划。

某民宿位于旅游景点，为游客提供住宿和餐饮服务，属于增值税一般纳税人。该民宿每月从农贸市场购入蔬菜、鸡蛋、鸡鸭鱼肉等鲜活农产品，蔬菜采购价为5000元，鸡蛋、鸡鸭鱼肉等为20000元（含税）。因为取得增值税普通发票，无法扣除进项税额。之后，负责人进行了税收筹划，改为从种植蔬菜、养殖禽类、畜类的农场直接购买农产品。这样一来，价格不仅低廉许多，节省了成本，还可以凭借农副产品收购发票来抵扣进项税额。

经过筹划后，该民宿每月可抵扣的进项税额为：

（5000+20000）×9%=2250（元）。

第9节　哪种税目税率低，就兼营哪一种

根据增值税相关税法规定：纳税人兼营不同税率的商品或劳务，应当分别核算不同税率商品或劳务的销售额、销售数量；未分别核算销售额、销售数量，或将不同税率的商品或劳务组成套装销售的，应该从高适用税率。

也就是说，混合在一起的销售额要按照高税率的税目来计税。如果纳税人不了解税法的这一规定，没有分别核算，就会多缴纳增值税。因此，纳税人在进行纳税申报时，应该注意商品或劳务的组合问题，可以兼营税率低的税目，没有必要进行组合销售的，可以不进行组合销售。同时，如果兼营的商品税率高，且销售情况并不明朗，则需要做出取舍。

某企业既经营交通运输服务又经营物流辅助服务，按照税法规定，交通运输服务的增值税税率为9%，物流辅助服务的增值税税率为6%。如果未对其销售额进行分别核算，那么就需要按照较高的税率9%来计算。

这家企业为一般纳税人，2021年3月交通运输服务的应纳税额为230万元（含税），物流辅助服务的应纳税额为150万元（含税）。因为没有分别核算，所以其销售额全部按照9%的税率来计算，应纳税额为：

（230+150）×9%=34.2（万元）。

如果分开核算的话，应纳税额为：

230×9%+150×6%=29.7（万元）。

我们可以看出，分别核算可以避免从高适用税率，可以为企业减轻4.5万元的增值税负担。所以，兼营税率不同的税目，应该按照税法规定，分别核算不同税率货物或者应税劳务的销售额。

企业除了兼营不同税目的商品或应税劳务，还可以兼营应税货物和应税劳务，而且这两项经营活动之间并无直接的联系和从属关系。

相关税法规定：纳税人兼营应税货物与劳务，应分别核算应税货物销售额及劳务收入。不分别核算或者不能准确核算的，由主管税务机关核定货物或应税劳务收入。纳税人兼营税种不同、税率不同的项目时，应该注意尽量分别核算货物或应税劳务收入，否则企业税负的大小将由主管税务机关最终核定。

某企业为增值税一般纳税人，2021年1月销售商品收入为117万元（含税），适用增值税税率为13%，同时，该企业兼营建筑装饰劳务，劳务收入为35万元（含税），适用税率为3%。根据税法规定，企业兼营销售商品和经营建筑装饰劳务，如果分开核算，则按照13%税率计算销售额，按照3%税率计算劳务收入。那么，应缴纳增值税税额为：

117×13%+35×3%=16.26（万元）。

如果不能分开核算的话，则由主管税务机关核定其销售商品的销售额。企业总收入为152万元，其中销售商品117万元，占总收入的76.97%。

假设税务机关核定销售商品的销售额占总收入的80%，剩余20%为装饰劳务收入，那么应缴纳增值税额为：

152×80%×13%+152×20%×3%=16.72（万元）。

假设税务机关核定销售商品的销售额占总收入的70%，剩余30%为装饰劳务收入，那么应缴纳增值税额为：

152×70%×13%+152×30%×3%=15.2（万元）。

由此可见，企业如果不分类核算商品销售额和劳务收入，而是由主管税务机关核定其销售额占总收入的百分比，如果核定的百分比比实际所占百分比高，那么企业的税负就加重，需要多缴纳增值税税款；如果比实际所占百分比低，企业则能节省一定的税款。因此，兼营税种不同、税率不同的项目时，我们需要分别核算货物或应税劳务，避免税务机关核定销售额时多核定货物的百分比，从而加重企业税负。

需要注意的是，兼营行为的产生有两个原因：其一，纳税人为加强售后服务或扩大自己的经营范围，提供增值税的应税劳务；其二，纳税人为增强获利能力，销售增值税的应税商品。

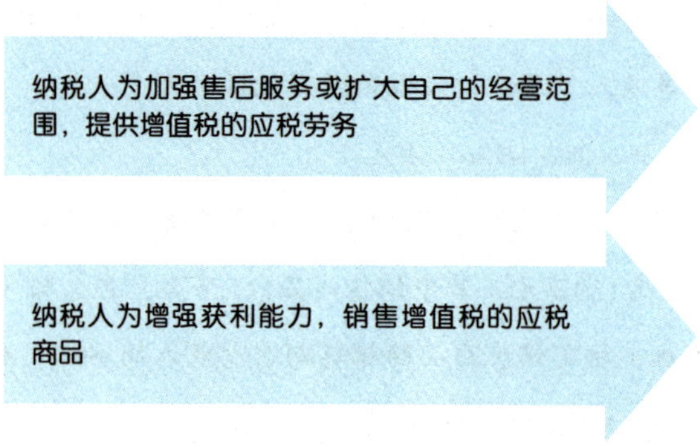

> 纳税人为加强售后服务或扩大自己的经营范围，提供增值税的应税劳务

> 纳税人为增强获利能力，销售增值税的应税商品

图 3-4　兼营行为的产生原因

针对前一种情况，假设企业为增值税的一般纳税人，提供应税劳务时，允许抵扣进项税额较低，那么选择分开核算的方式对企业有利。但是，如果企业是增值税小规模纳税人，我们就需要仔细地考察和研究，确定是否选择分开核算的方式。

第四章

消费税筹划,节省下来就是赚

第1节　利用生产制作环节的规定来筹划

消费税具有单一性，只在应税消费品生产、委托加工或进口环节一次性征收，在流通环节不再重复征收。也就是说，在生产销售环节中，应税消费品的出厂价格直接决定了税负的高低。

《中华人民共和国消费税暂行条例》规定：除了金银首饰在零售环节纳税外，其他所有应税消费品在生产制作环节就需要纳税。其实，这有利于税收的征管。因为在生产制作环节纳税人数量较少，征管对象明确，同时还有利于征管成本的降低。

我们知道，生产制作环节不是商品实现消费之前的最后一个流转环节，这个环节之后还存在批发、零售等环节，所以这也为我们进行税收筹划提供了很大的空间。

那么，如何利用税法的相关规定来进行税收筹划呢？我们可以选择设立独立核算的经销部或销售公司的方式。

设立独立的经营部或销售公司之后，把商品以较低的价格提供给它们，然后再以市场价格对外销售。因为消费税主要在生产制作环节中征收，所以企业的税负因此减轻一大部分。

换句话说，当我们以较低的销售价格将商品销售给独立核算的销售公司后，因为处于销售环节，所以只需要缴纳增值税即可，不需要再缴纳消费税。

某涂料生产企业生产销售自有品牌涂料，生产环节不含税，售价为每桶涂料400元，适用消费税税率为4%。2021年该企业销售涂料数量为10万桶，那么应缴纳消费税额为：

400×10×4%=160（万元）。

该企业成立独立核算的销售子公司，负责该品牌涂料的对外销售。该企业向子公司供货时，不含税售价每桶涂料为300元，那么该企业应缴纳消费税额为：

300×10×4%=120（万元）。

从上面的例子中我们可以看出，降低生产环节中的消费税，虽然对增值税没有影响，但是大大减轻了企业的整体税负，提高了净利润。

目前，这种筹划方式普遍应用于化妆品、烟、酒、摩托车、小汽车等行业，也为相关行业的企业减少了不少税收负担。但是，需要注意的是，根据《消费税暂行条例》相关规定：应税消费品的计税价格明显偏低又无正当理由的，应该由主管税务机关核定其计税价格。也就是说，企业可以以较低价格向子公司销售商品，但是不能低于市场价格，不能破坏价值规律。否则，税务机关将会对其调整价格。

在上面的例子中，假设该涂料生产企业在向子公司供货时，价格过低，不仅低于市场价格，还低于成本价格，那么就违反了《消费税暂行条例》中的"价格明显偏低"的相关规定，税务机关不仅会行使价格调整权，还可能因为该企业的偷税行为而对其进行处罚。

某白酒企业主要生产粮食白酒，通过批发商和经销商来对外销售。该品牌白酒每箱不含税售价为900元。该企业2021年10月销售数量为5 000箱，适用消费税税率为20%，那么该企业应缴纳消费税额为：

900×5000×20%=900000（元）。

随着电子商务的发展，该企业通过网络销售的商品越来越多，于是便成立了电商销售子公司，专门负责网络渠道的对外销售。这样一来，企业以700元价格供给电商销售子公司，销售数量仍为5 000箱，那么应缴纳消费税额为：

700×5000×20%=700000（元）。

通过筹划之后，该企业可以节省税款200000元。

但是，根据《国家税务机关总局关于加强白酒消费税征收管理的通知》规定：如果白酒生产企业消费税计税价格低于销售单位对外价格70%以下，最低计税价格由税务机关根据实际情况在对外销售价格的60%~70%范围内执行核定。

该企业每箱白酒的对外销售为900元，70%即为630元，也就是说，其向子公司供货的价格为700元，没有低于这个价格。这个筹划方案是可行的。但如果向子公司供货的价格为每箱600元，那么税务机关就会核定其最低计税价格，按照对外销售价格的70%来核定，即630元，则该企业应缴纳的消费税额为：

630×5000×20%=630000（元）。

第2节　自产自用，也要合理筹划

自产自用，是指纳税人生产应税消费品后，不是直接用于对外销售，而是用于连续生产应税消费品。用于连续生产应税消费品的，是指作为生产最终应税消费品的直接材料,并构成产品实体的应税消费品;或用于其他方面,比如,用于生产非应税消费品和建筑工程、管理部门、非生产机构、提供劳务,以及用于捐赠、赞助、集资、广告、样品、职工福利、奖励等方面。

某汽车生产企业生产的汽车配件用于连续生产汽车,那么汽车配件和汽车都属于应税消费品。在用配件连续生产汽车的过程中,配件既属于汽车的直接材料计入其生产成本,又构成了其实体。因为汽车生产企业的配件用于连续生产,配件和汽车都属于纳税人将自产的应税消费品又连续生产应税消费品的情况,所以不能视为发生应税行为,也不需要征收消费税。

但是,如果把自产的应税消费品用于其他方面,在移送使用时发生了应税行为,比如,炼油企业将自产的汽油用于本企业运输队,那么就应该按规定的税率计算征收消费税。

同时,有些企业把生产的应税消费品以捐赠、赞助的方式送给其他企业或个人,不对外销售,但是这也需要缴纳消费税。如果不缴纳,将涉嫌偷税、漏税,不仅要补缴税款和滞纳金,还可能面临处罚。

《消费税暂行条例实施细则》规定:纳税人自产自用的应税消费品,按照纳税人生产的同类消费品价格的销售价格计算纳税(行业类似);如果没有同类消费品销售价格,则按照组成计税价格来计算。

按照从价定率办法计算纳税的组成计税价格计算公式为:

组成计税价格=(成本+利润)÷(1-比例税率)

实行符合计税办法计算纳税的组成计税价格计算公式为:

组成计税价格=(成本+利润+自产自用数量×定额税率)÷(1-比

例税率）

根据相关规定：同类消费品的销售价格，是指纳税人当月销售或代收、代缴当月销售的同类消费品的销售价格，如果当月同类消费品各期销售价格高低不同，应当按照销售数量加权平均计算。

但是，销售的应税消费品属于以下情况中的任意一种，都不需要列入加权平均计算：其一，销售价格明显偏低并且没有正当理由；其二，无销售价格。

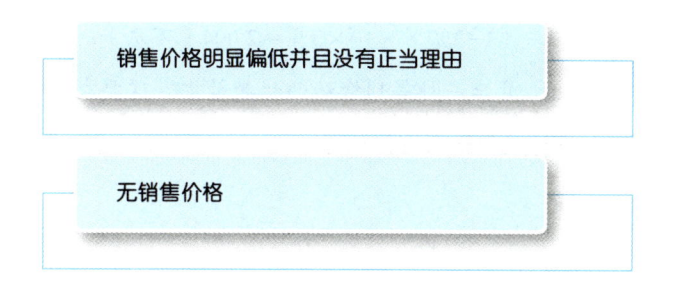

图 4-1　不需列入加权平均计算的应税消费品

此外，如果当月没有销售应税消费品，应当按照同类消费品上月或最近月份的销售价格计算纳税。

根据以上规定，我们可以通过自产自用消费用计价方式来进行筹划，选择税负最低的纳税方式，实现利润最大化。

某乘用车生产企业只生产自有品牌的汽车，2021年7月以每辆8万元的价格销售了400辆汽车，以每辆8.5万元的价格销售了200辆汽车。汽车的生产成本为每辆6万元，成本利润率为8%，消费税税率为3%。

当月该企业将10辆汽车作为赞助捐赠给某公益性机构，那么该企业应缴纳消费税额分三种情况计算。

如果该企业能够准确提供该批汽车的销售价格，按照销售价格确定消费税的税基，即应缴纳消费税额为：

8×10×3%＝2.4（万元）。

如果不能准确提供该批汽车的销售价格，应该按照销售数量加权平均计算，那么应缴纳消费额为：

（8×400+8.5×200）÷600×10×3%＝2.45（万元）。

如果该企业没有同类消费品的销售价格，那么应该按照组成计税价格计算纳税。应缴纳消费额为：

6×（1+8%）÷（1−3%）×10×3%＝2.004（万元）。

我们可以看出，最后一种筹划缴纳的税款最少，这要求该企业在核算时，应该按照组成计税价格来进行计算。

第3节　以物换物也不错

根据消费税税法规定：生产应税消费品的企业，应该在销售时缴纳消费税。但是，企业可以通过以物换物的方式进行税收筹划，让资金获得使用利益。当两家企业都需要对方的产品时，可以在购销时采取以物换物的销售方式，通过协商以较低的价格来出售，这样一来，彼此的利益都没有受损，同时都实现了少缴纳消费税的目的。但是在协商时，价格应该符合双方利益，且为市场平均价，不能过低，也不能过高。

某摩托车生产制造企业对外销售某一型号摩托车，2021年10月销售数量为1 000辆，以4 000元的单价销售500辆，以4 500元的单价销售350辆，以5 000元的单价销售150辆。为了解决资金困难，当月该企业与一家钢材生产制造企业进行了物物交换，以500辆摩托车换取相应的钢材原料，双方协商每辆摩托车的价格为5 000元，市场上的平均交易价格为4 500元。摩托车消费税税率为10%。那么，该企业应缴纳消费税额为：

5000×500×10%＝250000（元）。

但是，需要注意的是，消费税相关税法中有这样的规定：对于纳税人将自己生产的应税消费品用于换取生产资料、消费资料、投资入股或抵偿债务时，应当以纳税人同类应税消费品的最高销售价格作为计税依据。这对于企业纳税是不利的，无疑加重了企业的税负。因此，如果企业同类消费品最高销售价格过高，我们需要将应税消费品先按照市场价格出售，再进行交换、投资和抵债。

我们接着上面的例子继续说明。

假设双方协商的价格为每辆摩托车4 500元，市场上的平均交易价格也为4 500元。但是，在缴纳消费税时，企业却需要按照摩托车历史最高售价每辆5 000元来缴纳消费税，那么该企业物物交换的这500辆摩托车应缴纳的消费税额仍为：

5000×500×10%＝250000（元）。

如果我们进行筹划，先按照当月的市场平均价将这500辆摩托车销售，然后再购买原材料，那么就可以避免以最高售价来计算消费税。应缴纳消费税额为：

4500×500×10%＝240000（元）。

通过对比可以发现，筹划之后可以节税10 000元，减轻了企业的税收负担，增加了经济效益。

所以，采取物物交换这种方式时，我们需要考虑一些问题，如果交换时应税消费品的市场平均价格比同类商品的最高销售价格高时，这是非常不错的筹划方案。但是如果平均价格要比同类商品的最高销售价格低，那么物物交换的筹划就是不合理的。

第4节 巧设委托加工，加大税后利润

首先，我们先了解什么是委托加工？

委托加工就是由委托方提供原料和主要材料，受托方按照要求进行加工，加工完毕后，委托方向受托方支付加工费并收回产品。委托加工也需要缴纳消费税，一般由受托方代扣、代缴。

根据财政部、国家税务总局规定：委托加工的应税消费品，是指由委托方提供原料和主要材料，受托方只收取加工费和代垫部分辅助材料加工的应税消费品。对于由受托方提供原材料生产的应税消费品，或受托方先将原材料卖给委托方，然后再接受加工的应税消费品，以及由受托方以委托方名义购进原材料生产的应税消费品，无论是否作销售处理，都不得作为委托加工的应税消费品，而是应该按照销售自制应税消费品来缴纳消费税。

《消费税暂行条例实施细则》中规定：委托加工应税消费品直接用于销售的，不再缴纳消费税。委托加工应税消费品的单位和个人，应

依法缴纳消费税，委托加工的应税消费品，由受托方在向委托方交货时代收代缴税款。纳税人用于连续生产应税消费品的，由受托方代扣、代缴的消费税，可以抵减或免征消费税；用于其他方面的，应依法缴纳消费税。

根据以上规定，我们可以采取委托加工的方式，由受托方来代缴税款，从而实现节省税收的目的。

A企业自行将一批价值100万元的烟叶加工成甲类卷烟，加工成本、分摊费用为100万元。假设该批卷烟销售收入为600万元，烟丝消费税税率为30%，甲类卷烟消费税税率为56%。忽略教育费附加、城建税等，下面是A企业应缴纳消费税额和增值税额。

消费税（复合计征消费税）为：

600×65%=390（万元）。

增值税（由消费者来负担）为：

600×16%=96（万元）。

企业所得税税率为25%，税后利润为：

（600-100-100-390）×（1-25%）=7.5（万元）。

如果我们采用委托加工的方式，对其进行税收筹划。即A企业委托B企业加工烟丝，双方签订委托加工协议，规定加工费为40万元（不含增值税）。加工的烟丝，再由A企业继续加工为甲类卷烟，加工成本、分摊费用共计为50万元。那么A企业向B企业支付加工费后，支付其代收代缴的消费税额为：

（100+40）÷（1-30%）×30%=60（万元）。

A企业销售卷烟后，应缴纳消费税额为：

600×65%-60=330（万元）。

虽然消费税数额不变，但是增值税和个人所得税数额发生了变化。

B企业应缴纳增值税额（由A企业负担）为：

40×16%=6.4（万元）。

A企业应缴纳增值税额（由消费者来负担）为：

600×16%=96（万元）。

A企业税后利润为：

（600-100-40-60-50-330）×（1-25%）=15（万元）。

如果A企业把全部加工都委托给B企业，即委托B企业将100万元烟叶加工成甲类卷烟，支付加工费120万元（不含增值税），加工完毕后，商品运回A企业直接销售，销售额仍为600万元，根据税法规定A企业不需要再缴纳消费税。

那么，A企业向B企业支付代扣、代缴的消费税额为：

（100+120）÷（1-65%）×65%=408.57（万元）。

B企业应缴纳增值税额（由A企业负担）为：

120×16%=19.2（万元）。

A企业应缴纳增值税额（由消费者承担）为：

600×16%=96（万元）。

A企业的税后利润为：

（600-100-120-408.57）×（1-25%）。

因为（600-100-120-408.57）的结果为负数，由此可见，全部由B企业委托加工的方式是不合理的，我们应该选择第一种筹划方案。但是，当加工费比较低，卷烟消费税税率也比较低时，全部由B企业委托加工的税负是最少的，因为减少了成本的支出。

第5节　包装物作不作价很关键

在商品销售活动中，包装物很普遍，也是必需的。根据消费税相关规定，包装物也需要缴纳税收。具体来说，应税消费品连同包装物销售，无论包装物是否单独计价，在会计上如何核算，都需要并入应税消费品的销售额中并缴纳消费税。

比如，箱、桶、罐、瓶等产品生产企业用于包装其产品的各种包装容器都属于包装物。具体按照形式可以分为三类：其一，随同产品出售但不单独计价的包装物；其二，随同产品出售且单独计价的包装物；其三，出租或出借给购买产品的单位使用的包装物。

出租出借的包装物还可以分为三类：其一，包装物不作价销售，只是收取押金；其二，既作价销售，同时又另外收取押金；其三，不作价销售，在收取租金的基础上，也同时收取包装物押金。

《消费税暂行条例实施细则》规定：如果包装物不作价随同产品销售，而是收取押金，那么这笔押金就不需要并入应税消费品的销售额。但是，如果逾期未收回的包装物不再退还的或者已收取的时间超过12个月的押金，则需要并入应税消费品的销售额，按照相应的适用税率缴纳消费税。既作价随同产品销售，又另外收取的包装物押金，如果在规定期限内没有退还，则需要并入应税消费品的销售额，按照相应税率缴纳消费税。

但需要注意的是，根据财政部、国家税务总局相关规定：生产企业销售酒类产品（啤酒、黄酒除外）而收取的包装物押金，无论押金是否返还及会计上如何核算，都需要并入产品销售额并征收消费税。

所以，企业如果想要节省税款，就应该遵守相关规定，采取收取押金的形式来进行税收筹划，这样一来，这笔押金就不需要缴纳税款了。即使12个月后，押金并入应税消费品的销售额，企业也已经获得了这笔消费税的一年免税使用权，相当于获得了一笔流动资金。

某木地板生产销售企业，属于一般纳税人，2021年6月共生产木地板10万平方米，每平方米价格为150元，其中包括包装箱100个，每个包装箱50元。实木地板的消费税为5%，如果包装物随产品一同销售，那么该企业2021年6月应缴纳消费税额为：

（10×150+100×50÷10000）×5%=75.025（万元）。

通过税收筹划，包装物不随商品进行销售，而是每个箱子收取50元押金，同时规定如有损坏则从押金中扣除相应修理费用，这样一来，这笔押金就不需要计入销售额了，那么该企业应缴纳消费税额则变为：

10×150×5%=75（万元）。

我们可以发现，通过筹划之后该企业6月就节省税款0.025万元。如果包装物可以多次使用，企业同时在档次上下功夫，让产品受到消费者的青睐，那么企业就可以节省更多税款。即使一年之后包装物的押金没有退回，企业需要补缴消费税，即0.025万元，但是对于企业来说，也相当于获得一笔期限为一年的无息贷款。

除了收取押金，我们还可以采取先销售后包装的方式，即把不同税率的产品和包装物分别作价及核算，减少应税销售额。

根据《消费税暂行条例》规定：纳税人兼营不同税率的应税消费品，应当分别核算不同税率应税消费品的销售额、销售数量。如果没有分别核算，或将应税消费品与非应税消费品以及适用税率不同的应税消费品成套销售，则应该适用较高的税率。

某化妆品厂，把化妆品、护肤品、化妆工具以及小工艺品等成套销售。套装包括以下产品：一瓶香水300元、一瓶乳液180元、一支口红150元、两瓶沐浴液90元、一套化妆工具及小工艺品50元，包装盒则为5元。该化妆品厂在2021年3月到6月，共销售10 000套套装。

如果不进行筹划，把产品包装后再销售，那么适用最高的税率15%，应缴纳的消费税额为：

（300+180+150+90+50+5）×10000×15%=1162500（元）。

其中高档化妆品消费税税率为15%，护肤品消费税税率为8%，小工艺品不需要缴纳消费税。

但是如果采取先销售后包装的方式，把这些产品先销售出去，然后再进行包装，那么应缴纳消费税额如下：

化妆品：

（300+180+150）×10000×15%=945000（元）。

护肤品：90×10000×8%=7200（元）。

共计：945000+7200=952200（元）。

经过筹划后，比之前节省税款210 300元。

第6节　改变结算方式，推迟纳税时间

企业采用的销售结算方式不同，纳税义务发生时间也不同。虽然纳税的款项没有变化，但是一旦缴纳税款的时间推迟，企业将会获得实际经济利益，即获得这笔资金的时间价值。

所以，我们需要尽可能选择有利的结算方式，对消费税进行筹划，推迟纳税义务发生的时间。

第一，应税消费品的具体纳税义务发生时间。

根据相关税法规定，销售的应税消费品分为四种情况。

（1）纳税人采取赊销和分期收款结算方式的，其纳税义务发生时间为合同约定的收款日期的当天。如果交易双方没有书面合同或书面合同没有约定的，为发出应税消费品的当天。

（2）采取预收货款结算的，其纳税义务发生时间为发出应税消费品的当天。

（3）采取托收承付和委托银行收款方式销售货物的，其纳税义务的发生时间为发出应税消费品并办好托收手续的当天。

（4）采取其他结算方式的，其纳税义务发生时间为收讫销售款或取得索取销售款凭据的当天。

某化妆品生产企业主要生产高档化妆品，为一般纳税人，适用消费税

税率为15%。2021年9月15日该企业与某销售公司签订销售合同，销售金额为100万元（不含增值税）。货物于第二天发给该销售公司，约定货款在2021年底前分三次支付。

因为合同中没有明确销售方式，也没有具体收款日期，所以该企业需要在2021年9月底计提并缴纳消费税，应缴纳消费税款为：

100×15%=15（万元）。

如果在合同中明确销售方式，也规定了具体收款日期，那么其纳税义务发生时间就会发生改变。假设双方企业在合同中约定采取分期收款的结算方式，并约定分别在2021年10月15日、11月15日、12月15日为收款日期。那么，该企业就无须在9月底一次性缴纳全部税款，而是在10月、11月、12月分成三次来缴纳税款。具体缴纳税款数额，由分期收款的数额来确定。

假设双方在合同中约定采取委托银行收款的结算方式，并且在10月1日发出应税消费品并办好托收手续，那么企业就需要在10月缴纳全部税款。

假设双方采取其他结算方式，而销售公司在30日之后才支付销售款，并且提供了销售款凭证。那么，企业在9月15日无须计提并缴纳全部税款，而是在30日之后再计提并缴纳全部税款即可。

假设双方在合同中约定预收货款结算方式，约定货物在2021年11月30日发出，那么企业就可以延期到11月30日再缴纳全部税款。

总之，虽然该企业应缴纳税款数额没有减少，但是因为延期，而让自己多了一笔流动资金，更有利于企业的生产经营以及解决财务方面的问题。

第二，其他应税消费品的纳税义务发生时间。

（1）纳税人自产自用的应税消费品，其纳税义务的发生时间为移送使用当天。

（2）纳税人委托加工的应税消费品，其纳税义务发生时间为纳税人提货当天。

（3）纳税人进口的应税消费品，其纳税义务发生时间为报关进口当天。

2021年11月，某化妆品企业委托另一家企业加工某一款化妆品，应纳税金额为50万元。双方签订经济合同，规定加工完成时间为11月底，提货日期为12月30日。那么，其纳税义务发生时间为12月30日，企业只需在12月底计提并缴纳消费税即可。应缴纳税款额为：

50×15%=7.5（万元）。

第7节　巧妙筹划出口应税消费品

为了扩大出口，巩固和扩大国际市场，我国对于出口应税消费品制订了很多优惠政策。消费税规定：对纳税人出口应税消费品，免征消费税；已经缴纳消费税的商品出口，在出口环节可以享受退税待遇。

《消费税暂行条例实施细则》规定：出口的应税消费品办理退税后，发生退关或国外退货进口时享受免税优惠的，报关出口者必须及时向其机构所在地或居住地主管税务机关申报补缴已退的消费税税款。如果纳税人直接出口的应税消费品办理免税后，发生退关或国外退货，进口时已经予以免税，那么经过机构所在地或居住地主管税务机关批准，可以暂时不办理补税，等到其转为国内销售时，再申报补缴消费税。调节办理补税的时间，虽然税款数额没有减少，但是可以让这笔税款具有时间价值，企业相当于获得一笔无息贷款。

因此，发生出口货物退关或退货时，我们可以调节办理补税的时间，进而对消费税进行筹划。

某企业生产的商品出口美国。2021年3月出口一批应税消费品，销售额为100万元，使用消费税税率为10%。那么企业应缴纳消费税额为：

100×10%=10（万元）。

货物出口后，企业按照国家有关规定办理退税手续，退回消费税10万元。

之后因为某种原因，这批商品在4月发生退货，进口时已经予以免税。企业在退货时，并没有向企业所在地的税务机关办理退税，而是在2021年10月，将这批应税消费品转为国内销售时才申报补缴消费税。这样一来，企业因为推迟了办理补税的时间，使得手里这笔10万元资金具有了时间价值，可以充分利用这笔无息贷款来进行投资及生产经营。

需要注意的是，适用出口免税并退税政策的是那些有出口经营权的外贸企业，购进应税消费品直接出口的商品，或外贸企业受其他外贸企业委托代理出口的商品。也就是说，外贸企业只有受其他外贸企业委托，代理出口应税消费品的情况时，才能办理退税。而外贸企业受非生产性的商贸企业委托，即使是代理出口应税消费品，也不享受退（免）税的优惠政策。

除了调节办理补税的时间，我们还可以利用汇率的变化来进行筹划。

《消费税暂行条例实施细则》规定：纳税人销售的应税消费品，以人民币计算销售额。如果纳税人以人民币以外的货币结算销售额，应该折算成人民币。同时还规定：以人民币以外的货币结算销售额的，其销售额的人民币折合率可以选择销售额发生当天的，也可以选择当月1日的人民币汇率中间价。

我们知道，外汇市场波动非常大，如果选择不恰当的人民币折合率，就可能造成税负的加重，多缴纳一笔消费税税款。而且，外汇波动越大，税款的差额也就越大。所以，我们非常有必要对其进行筹划，尽量选择较低的人民币汇率，尽可能降低应纳税数额。

但是，我们需要注意一个问题：确定汇率的折算方法后，一年内不能随意变动。所以，我们需要对未来的经济形势及汇率走势做出准确、恰当的判断，避免做出错误的选择。

某企业于2021年8月13日出口一批应税消费品，销售额为100万美元。8月1日美元对人民币的汇率为1美元兑换6.4609元人民币，而8月13日美元对人民币的汇率为1美元兑换6.4778元人民币。

如果按照每月1日的外汇牌价来计算销售额，那么折算成人民币，销售额为646.09万元。假设消费税税率为15%，应缴消费税额为：

646.09×15%=96.91（万元）。

如果按照结算当时的外汇牌价来计算销售额，折算成人民币，销售额为647.78万元，应缴纳消费税额为：

647.78×15%=97.167（万元）。

如企业预计未来较长一段时间，美元将持续升值，就应该选择按照每月1日的外汇牌价来计算销售额的方式，以便减少税款的缴纳。但是，如果企业预计未来较长一段时间内，美元持续贬值，那么就需要从长远角度出发，不能因为贪图眼前利益，而选择第一种方案。

无论怎么样进行税收筹划，都应该从企业自身的长远利益出发，有些方法的短期筹划效果不是很明显，但是对于长期出口大量应税消费品的企业来说，对未来的经济形势及汇率走势做出准确的判断，就可以节省一大笔税款。

最后，我们需要注意一点，消费税是一种交叉征收的税种，出口应税消费品在出口报关时，涉及消费税的免税优惠政策。免税的商品，应该及时申报免税，避免多缴纳税款。同时，企业还应该把不同消费税税率的商品分开核算和申报。划分不清适用税率的应税消费品，都应该选择低适用税率来计算。

第8节　巧妙利用临界点降低产品价格

纳税临界点，就是引起税负发生变化的收入、所得或价格水平等标准。当达到或超过这一标准时，纳税人就需要按照更高的税率来纳税。但是如果低于这一标准，纳税人就可以不纳税或者按照更低的税率来纳税。所以，只要涉及临界点，我们就可以利用应纳税收入额、所得额以及价格来进行税收筹划。

很多种类的产品消费税税率都有临界点，包括卷烟、啤酒、乘用车、摩托车等。财政部、国家税务总局对烟产品消费税做出规定：甲类卷烟，每条70元以上（不含增值税），税率为 56%，而乙类香烟，每条不超过70元，税率为36%。也就是说，70元是卷烟的临界点，在临界点附近，企业适当降低每条卷烟的价格，就可以节省相应的税款。如果价格上升后，企业收入增加的金额比税收增加的金额小，那么就得不偿失。

某卷烟厂为一般纳税人，2021年7月销售卷烟数量为1 000条，每条价格为72元（不含增值税）。

那么，该企业应缴纳消费税额为：

72×1000×56%=40320（元）。

但是，我们进行税收筹划后，降低每条卷烟的价格，价格为69元。那么卷烟就由甲类变为乙类，消费税税额也变成了36%。

那么，该企业应缴纳消费税额为：

69×1000×36%=25920（元）。

经过筹划后，企业的收入减少，减少的数额为：

（72-69）×1000=3000（元）。

但是应缴纳消费税也减少了14400元。

这意味着企业收入依旧是增加的，对于企业来说是有利的。我们需要注意一个问题，当价格接近临界点时，税收筹划是合理的；但是如果价格远高于临界点，比如每条卷烟价格为150元，那么就不能利用这个方法了。

财政部、国家税务总局关于调整酒类产品消费税政策规定：每吨啤酒出厂价格（含包装物及包装物押金）超过3 000元（含3 000元），消费税税率为每吨250元；出厂价格低于3 000元，消费税税率为每吨220元。而娱乐业、饮食业自制啤酒，消费税税率为每吨250元。在这种情况下，我们也可以利用临界点的规定适当降低产品价格，降低企业税负，同时增加企业利润。

某啤酒厂生产销售某品牌啤酒，每吨出厂价格为2990元（不包括增值税）。根据税法规定，消费税税率为每吨220元。2021年初该企业对生产工艺进行了改进，啤酒品质得到了很大提升，于是将价格提升到3010元。相应的每吨啤酒的消费税税率也变为每吨250元。

假设该企业每月销售啤酒数量为50吨，那么该企业应缴纳消费税额和利润有什么变化呢？

我们先来看看提价前的应缴纳消费税额和利润。

应缴纳消费税额为：50×220＝11000（元）。

企业利润为：（2990-220）×50=138500（元）。

提价后，又发生了哪些变化呢？

应缴纳消费税额为：50×250=12500（元）。

企业利润为：（3010-250）×50=138000（元）。

我们从上面的例子中可以发现，企业把商品价格提高，但是利润却减少了。所以，提高价格的策略是不合理的，应该适当地进行筹划，或在符合市场价格的前提下将产品价格提得更高或适当降低产品的价格，从而降低消费税额，使企业获得更高的税后利润。

第五章

企业所得税筹划，大幅提高企业利润

第1节 做好计提，加大利润

这里的计提，是指计提坏账准备（计提减值准备不得在税前扣除，只有在实际发生时方可扣除，需要向当地税务局申报备案）。

在企业经营过程中，会出现坏账的情况。应收款项收不回来，或收回来的可能性比较小，就会发生坏账损失。而企业对于这些坏账，需要做好坏账准备的计提与处理。

企业对于坏账损失的核算，采用的是备抵法。当定期或每年年度终了时，企业应当对应收款项进行全面检查，预计各项应收款项可能发生的坏账，对于没有把握收回的应收款项，进行计提坏账准备。

会计和税法都对坏账准备的计提与处理做了相关规定，但是有四点不同。

第一，会计和税法所规定的范围不同。

会计规定计提坏账准备的范围仅限于应收账款和其他应收款项，而企业当年发生的应收账款、计划对应收账款进行重组、与关联方发生的应收款项以及其他已逾期，但无确凿证据表明不能收回的应收款项，都不能全额计提坏账准备。

税法规定的计提坏账准备的对象包括年末应收账款，这个应收账款还包括应收票据的金额、代垫的运杂费。至于这些应收账款和应收票据究竟什么时候发生，没有做明确的规定。也就是说，即使是当年发生的应收账款，也可以计提坏账准备。

某企业在2021年5月发生坏账3万元，可以向税务机关进行申报，将这笔坏账损失进行计提，也就是在当期给予扣除。这样一来，企业2021年的应缴纳所得额就减少了，应缴纳所得税也就减少了。

第二，会计和税法的计提标准不同。

会计制度规定，企业可以根据自身的实际情况来确定计提方法，如应收账款余额百分比法、账龄分析法、销货百分比法。而税法的计提方法很单一，只能使用应收账款余额百分比法。

第三，会计和税法的核算方法不同。

会计制度规定，企业只能采取备抵法核算坏账损失，即对可能发生的坏账损失只能先行计提坏账准备，确认发生坏账损失时，再通过坏账准备抵减坏账损失。而税法规定，企业可以使用直接转销法，即在报经税务机关审核批准后，企业的坏账损失可以直接计入会计当期。

第四，会计和税法的计提比例不同。

会计制度规定，企业要根据以往的经验、债务单位的实际财务状况和现金流量等相关信息来确定计提比例。而税法规定，提取坏账准备金比例是固定的，不得超过年末应收账款余额的5‰。

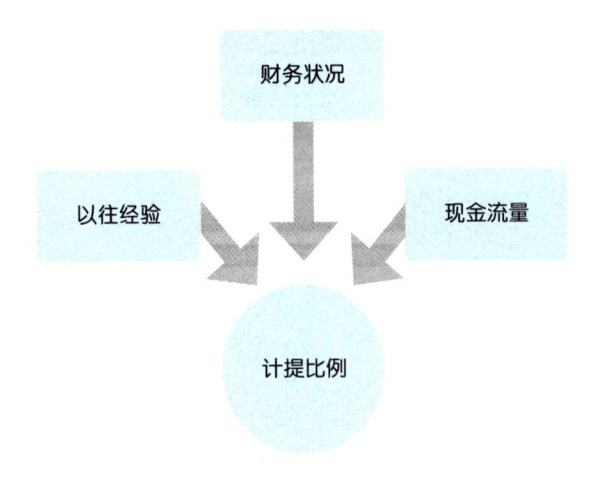

图 5-1 计提比例的确定依据

正是因为两者有着这些区别,才给我们的税收筹划留下很大的空间。

某企业2020年年末应收款借方余额为600万元,同时2020年6月发生坏账损失5万元,经有关税务机关批准核销;2020年9月收回已确认坏账损失3万元。适用所得税税率为25%,假设该企业充分使用备抵法计提5‰,则可税前扣除3万元。

采用备抵法时,企业计入的管理费用则高达30万元。可是如果我们采用直接转销法,2020年6月的5万元坏账损失可以计入管理费用,而在2020年9月收回已确认的3万元坏账损失时,可以调增应纳税所得额3万元。实际上,2020年企业在税前实际扣除的坏账损失为2万元。也就是说,采用直接转销法的话,企业应纳税所得额则会减少28万元,进而少缴纳所得税7万元。

当然，并不是说采用直接转销法就一定对企业有利，我们要从企业的实际情况出发，采取合适的、能为企业带来更大经济利益的方式。比如，当企业年末应收账款数额巨大，计提的坏账准备金比较多，我们就需要选择备抵法来进行税收筹划。

第2节 加速折旧，要选对折旧方式

在生产经营过程中，企业使用的固定资产会发生损耗，导致其价值减少，仅存残值，而原值与残值之间的差额，就是固定资产的折旧。折旧的方法也有很多，但最终归为两大类，即直线折旧法和加速折旧法。

我们在前文中已经阐述过，这里不再赘述。

我们需要明白一点，折旧的方法不同，企业缴纳的所得税也不同。折旧额越大，企业的应纳税所得额越小，税负就越轻。虽然固定资产的扣除不能超过其价值本身，但是由于方法的不同，能够让所得税税款提前或滞后，从而产生不同的时间价值。也就是说，不同的折旧方法，会直接影响企业当期应纳税所得额的多少。

所以，我们要对固定资产的折旧进行筹划，最好尽快折旧，这样不仅可以在折旧期少缴所得税，还可以尽快收回相应的流动资金，投入企业生产经营中。

目前，为了减轻企业税负，税法已经将固定资产加速折旧政策的适用范围扩大到全部制造业领域，也就是说，所有制造业企业都可以享受到加速折旧的优惠政策。

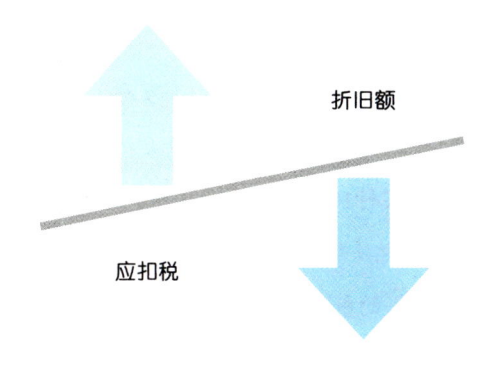

图 5-2　折旧额与应扣税

《企业所得税税前扣除办法》规定：符合条件的企业在2014年1月1日后新购进的固定资产，可缩短折旧年限或采取加速折旧的方法；符合条件的制造业小型微利企业在2014年1月1日后新购进的研发和生产经营共用的仪器、设备，单价不超过100万元的，允许一次性计入当期成本费用，并且在计算应纳税所得额时扣除。如果超过100万元，可以享受缩短折旧年限或采取加速折旧的优惠政策；符合条件的企业在2018年1月1日至2020年12月31日期间新购进的设备、器具，单价不超过500万元的，允许一次性计入当期成本费用，然后在计算应纳税所得额时扣除。

某制造企业为一般纳税人，适用所得税税率为25%。2017年建造新厂房，投资费用为350万元，使用期限为20年，预计净残值为30万元。2020年5月新购进一批大型机器设备，单价为320万元，共计1 280万元，使用期限为10年，预计净残值为140万元。企业五年内年利润维持在280万元，含税。

采用直线折旧法，年折旧额如下：

厂房：（350-30）÷20=16（万元）。

机器设备：(1280-140)÷10=114（万元）。

企业年应纳税所得额为：280-16-114=150（万元）。

应缴纳所得税额为：150×25%=37.5（万元）。

如果采用加速折旧法，实行10年、5年的折旧期（加速折旧或者缩短折旧年限的，其年限不得低于税法规定最低折旧年限的60%，房屋一般不适用此方法），那么企业所购买的机器设备因为单价不超过500万元，便可以一次性计入当期成本费用，在应纳税所得额中予以扣除。

该企业年折旧额如下：

厂房：(350-30)÷10=32（万元）。

机器设备：(1280-140)÷5=228（万元）。

应纳税所得额为：280-32-228=20（万元）。

企业应缴纳所得税额为：20×25%=5（万元）。

可见，企业采用加速折旧法后，所得税减少了32.5万元。

此外，因为企业在前几年已计提了固定资产折旧，把利润集中在后几年，这也使得企业利润增加，更有利于企业发展壮大。

但需要注意的是，并不是采用加速折旧法就一定能够使企业所缴纳的所得税减少，也可能出现增加的情况。这就需要我们进行全局考虑，是选择减少税负，还是集中利润。

总之，固定资产折旧，对于企业减少税负、提高经济效益是有利的，我们要根据税收政策和企业自身实际情况来选择合适的折旧方法。无论是直线折旧法，还是加速折旧法，只要对企业有利就是好方法。

第3节　择善而行，选择特殊行业来投资

有效的税收筹划是在税法允许的情况下进行的，所以我们首先要从国家制订的税收优惠政策开始进行筹划。

在前文中我们已经提到这个问题，这里将进行详细的阐述。

众所周知，税法规定的优惠政策，并不是所有行业都适用，而是为一些特别行业制订的。比如，《企业所得税法》规定：对国家需要重点扶持的高新技术企业，减按15%税率征收所得税；对环保、节能节水、安全生产等专用设备投资的，按投资额的10%从企业当年应纳税额中抵免；对农林牧渔业给予免税的优惠政策；对国家重点扶持基础设施投资的企业，享受三免三减半税收优惠；对资源进行综合利用的企业，直接从企业的收入总额中减计10%。

某企业应纳税所得额2 000万元，为一般纳税人，适用企业所得税税率为25%。该企业于2021年3月购买一批大型设备，投资金额为5 000万元，预计折旧期限为10年。

那么，从2021年4月开始，该资产每月计提折旧费用为：

5000÷10÷12=41.66（万元）。

该资产在2021年度的资产折旧费为：

41.66×9=374.94（万元）。

那么，该企业可以少缴纳的所得税为：

374.94×25%=93.735（万元）。

如果我们选择投资环保、节能节水、安全生产等专用设备，就可以对这笔投资进行税收筹划，享受税法给予的优惠政策，按投资额的10%从企业当年应纳税额中抵免，同时，当年不足减的，还可以在之后的五个纳税年内进行递抵减。

那么，该企业可抵减的所得税额为：

5000×10%=500（万元）。

2021年度应缴纳的所得税额为：

2000×25%=500（万元）。

也就是说，企业2021年可以抵免500万元所得税，大大地减轻了企业税负。

此外，税法还对一些特殊的生产性企业给予相应的优惠政策：对农业初级产品及其加工产品以及关系国计民生的物品（如水、煤、气）等投资的，实行增值税优惠政策；投资废水、废气、废渣等"三废"物品的再生产，对其进行再利用，只要是内资企业，可以享受免征收企业所得税的优惠。

某建材生产企业为一般纳税人，2020年应纳税所得额5 000万元，该企业为了环境保护和节能，从2020年1月开始利用本企业外的煤矸石、炉渣、粉渣灰作为主要原料生产相关建材产品，每月投资额为120万元，实现对资源再利用和再生产。

根据税法规定，该企业享受免征所得税五年的优惠政策，每年免征的所得税额为：

5000×25%=1250（万元）。

这笔资金节省下来，不仅大大地增加了企业的流动资金，还能够促进企业更好地发展。

除了生产行业，对于投资非生产行业的企业，国家也给予了很大的扶持。投资农村中为农业生产产前、产中、产后服务的行业，如气象站、畜牧医站等，可以享受免征所得税的优惠；投资独立核算的交通运输业、邮电通信业的企业，也可以享受减免征收所得税的优惠，等等。

对于一些特殊行业，税收优惠政策可以让企业减轻税负，实现企业利润的最大化。所以，我们在投资时要仔细地考察与研究，充分了解税收政策，做好税收筹划。但是，不要为了筹划而筹划，只看税负的高低，却忽视了所投资的行业、项目是否适合企业的发展战略，是否能为企业带来更大的经济效益。

同时，我们还应该充分考虑所选择行业享受优惠政策的条件。实际上，很多地区为了促进当地经济的发展，针对某些行业制订了一些地方性的优惠政策。地区优势再加上行业优势，那么企业所享受的优惠就更大了。

总之，我们在选择投资行业时，要尽量做到择善而行，同时把眼光放得更长远一些，来提高企业经济效益。

第4节 纳税筹划的关键是"预"

企业所得税的缴纳可以采用不同的方法，包括按年计算、分期预缴、年终汇算清缴，适用税率都是25%。

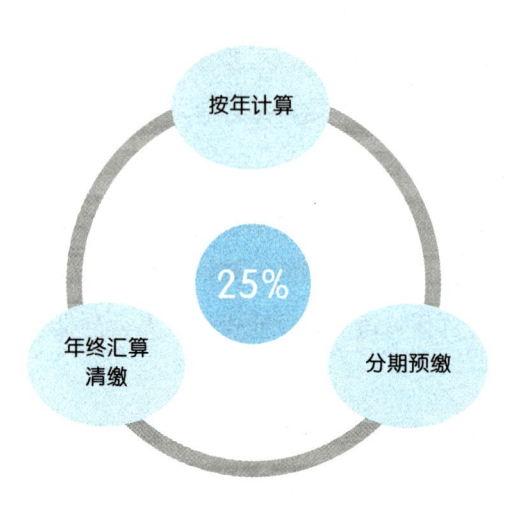

图 5-3 企业所得税的三种缴纳方法

其中分期预缴的方式比较特殊，企业要预缴税款，需要在月份或季度终了后的15日内申报。我们可以按照上年应纳税所得额的一定比例预缴，也可以按照纳税期的实际数预缴。但是，因为企业的收入和费用列支要到一个会计年度结束后才能核算出来，所以在预缴时可能存在对于当期应纳税所得额计算不准确的情况。

众所周知，企业在缴纳税款的时候，一旦出现少缴的情况，税务机关就将其作为偷税处理。但是预缴却不同，税法规定：企业在预缴中少缴的税款，不视为偷税。因为企业在会计核算时，由于受到各种因素的影响，可能会在某一段时期多列支一些费用，在另一段时期少列支一些费用。只要总体不违反税法规定的扣除标准，就不会被定义为偷税行为。

某企业为所得税一般纳税人，2021年1月产品销售处于旺季。因为给员工多发奖金5万元，其他费用超支1万元，所以该企业1月应纳税所得额减少了6万元，应缴纳的所得税比预缴的所得税少，减少的数额为：

$6 \times 25\% = 1.5$（万元）。

而2021年7月产品销售处于淡季，所以员工的工资、奖金减少3万元，其他费用也相对较少1万元。那么，该企业7月应纳税所得额相应增加了4万元，应缴纳的所得税比预缴的所得税多，增加的数额为：

$4 \times 25\% = 1$（万元）。

在实际当中，企业少预缴的情况比较多，而这些税款也将在以后月份或年终汇算清缴。这种纳税义务的延后，也为企业赢得了这笔税款的时间价值，相当于享受一笔无息贷款。

同时，企业所得税法还规定：企业在预缴所得税时，应该按照纳税期限的实际数预缴。但是如果企业存在财务困难，不能按照实际数预缴，也可以按照上一年度应纳税所得额的1/12或1/4来预缴，或经税务机关认可的其他方法分期预缴。但是，预缴方法一旦确定，不得轻易更改。

某企业2020年每月平均利润为10万元，但是每月都有税法规定超计税工资等因素20万元。如果企业每月按照实际数申报预缴所得税，每月申报的纳税额为7.5万元。假设企业不按照实际数申报，而是只申报上一年度应纳税所得额的1/12，即10万元，那么需要申报的纳税额只有2.5万元。

对于剩余的税款，企业可以在年度终了后一次汇算清缴，但必须要注意，企业可以只申报不缴纳，等到年度终了后四个月内的最后一天再缴纳。这样一来，企业就得到了更多的流动资金，而且无须缴纳滞纳金。

会计利润是按照财务会计制度的规定来计算，而所得税的"应纳税所得额"则根据税法的规定来计算。所以，企业想要节省成本，就需要在预缴所得税上进行筹划，选择最适合、最有利的方案。

除此之外，税法还规定：对企业所得税的检查，在纳税人报送企业所得税申报表之后进行。检查包括汇算清缴期间的检查和汇算清缴后的检查，滞纳金是从汇算清缴结束后的次日开始计算。也就是说，在汇算清缴结束前，不需要缴纳滞纳金。

第5节　向员工集资，这些原则很重要

一般来说，因为资金紧张，企业会通过各种手段进行融资，如向银行贷款、内部集资、发行债券等。

向银行贷款，企业需要支付利息。2021年，银行贷款的基准利率大

概为6%。再加上企业的贷款利率一般都是基准利率上浮30%~50%，这导致企业需要支付大额利息，加重了负债压力，而且向银行贷款并不是容易的事情，也可能出现审批不通过的情况。

至于发行债券，对于企业的要求也非常严格，要求企业必须是股份有限公司或有限责任公司，且近三年平均可分配利润能支付公司债券一年的利息。

所以，很多企业选择内部集资的方式，即向员工集资来解决资金短缺的困难。这种方式，不仅可以解决燃眉之急，还可以调动员工的积极性和主动性。员工成为企业的主人，自然就有了归属感，干劲也更足。而且，企业的经济状况好了，才能按时足额发放工资和利息，使员工的利益得到更好的保障。

一般来说，向员工集资，企业所支付的利息要比市场上高。但是，这笔高出的利息是可以扣除的（利息标准4LPR，本金标准金融企业5∶1，其他企业2∶1，还应当有合法发票入账）。《企业所得税暂行条例》规定：纳税人在生产经营期间向非金融机构借款的利息支出，按照不高于金融机构同类、同期贷款利率计算的数额以内的部分，准予扣除。也就是说，这笔利息支出中，那些不高于同期、同类商业银行贷款利率的部分可以在税前扣除。

同时，《个人所得税法》还规定：那些支付给员工的利息支出，还可以按照20%的税率扣缴个人所得税。这就大大减少了企业的税负，企业的利润增长也有了比较大的空间。

某生产企业现有员工200人，人均月工资4500元，企业为一般纳税人。2021年企业流动资金出现困难，为了保障生产经营顺利进行，负责人决定进行融资，融资金额为300万元。共有两种方案，方案一，向招商银行贷款；方案二，向内部员工集资。2021年该企业利润为230万元，已扣除进项成本。

方案一：招商银行贷款利率为4.45%，期限为五年。

利息=本金×利率×贷款期限=300×4.45%×5=66.75（万元）。

年利息=66.75÷5=13.35（万元）。

2021年，该企业应缴纳所得税额为：

（230+300）×25%=132.5（万元）。

方案二：向企业员工集资，人均1.5万元，利率为10%，期限为五年。

利息=300×10%×5=150（万元）。

因为不超出同类商业银行贷款利率的部分可以扣除，所以企业可以扣除的所得税额为66.75万元，超支利息应纳税所得额为：

300×（10-4.45%）×5=83.25（万元）。

那么，该企业应缴纳所得税为：

（230+83.25）×25%=78.31（万元）。

同时，该企业支付给员工的利息，还可以按照20%的税率扣缴个人所得税。也就是说，企业可以少缴纳所得税额为：

300×10%×20%=6（万元）。

我们可以看出，采取员工集资的方法，比向银行贷款少缴纳所得税48.19万元，即132.5-78.31-6=48.19（万元）。

如果我们把员工集资的利率下降，再通过提高员工奖金和工资的方式来进行税收筹划，那么就可以更大地降低企业的所得税和代扣、代缴的个人所得税，实现企业利润最大化。

不过，我们必须记住四项原则。其一，只能向内部员工集资，不可向社会公开宣传，否则就可能涉及非法集资。其二，进行内部员工集资，必须制订集资章程或办法，经企业的开户金融机构审查同意后，报人民银行审批。其三，企业内部债券可以在内部转让，但不得公开上市转让。企业应在内部指定专门机构办理内部转让事宜，不得私自转让。其四，内部集资金额最高不得超过正常生产所需流动资金总额。

- 只能向内部员工集资，不可向社会公开宣传
- 必须制订集资章程或办法，经企业的开户金融机构审查同意后，报人民银行审批
- 企业内部债券可以在内部转让，但不得公开上市转让
- 内部集资金额最高不得超过正常生产所需流动资金总额

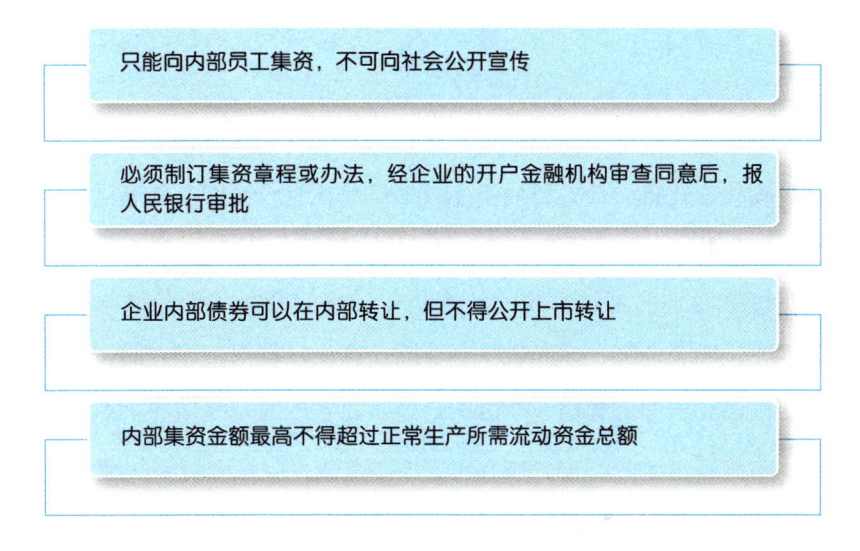

图 5-4　企业内部集资应遵守的原则

总之，在向员工集资的过程中，利息是支付给员工的，工资和奖金也是支付给员工的。我们可以利用这种方式来进行税收筹划，把税负规定的可以扣除的利息，以利息的方式支付给员工，再把超出利息的部分以奖金的方式支付给员工，然后再进行个人所得税代缴，实现最好的税收筹划效果。

第6节 税收洼地，企业的天堂

税收洼地是什么？简单来说，是在特定的行政区域，区域政府通过制订税收优惠政策、地方留成返还政策、简化税收征管办法等措施，实现吸引企业进驻、促进经济发展、促进技术创新、促进就业的目的。

我国很多地区都设有税收洼地，如重庆的税收洼地包括彭水工业园、黔江正阳工业园、酉阳电子产业园、秀山乌杨街道工业园，等等。天津的武清、宁波的梅山、江苏的宿迁、新疆的霍尔果斯等，都是税收优惠"洼地"。

因为各区域出台的税收优惠政策不同，企业享受的所得税优惠也不同。2021年，江苏针对经济开发区出台了给予企业所得税返还的优惠政策，政策规定：企业纳税额经济开发区全额留存40%，在此基础上，给予企业75%~85%的扶持比例；企业纳税额经济开发区全额留存50%，在此基础上，给予企业75%~85%的扶持比例。

某企业主要从事服装服饰、鞋帽的生产销售。随着企业规模的扩大，销售额和利润也随之上升，到了2021年3月企业年利润已经高达3000万元，主营收入达到7000万元。

按照正常情况，该企业应缴纳所得税额为：

3000×25%=750（万元）。

应缴纳增值税额为：

7000÷（1+13%）×13%=805.30（万元）。

如果我们进行税收筹划，利用洼地模式来获得税收优惠，即让企业入驻经济开发区，经济开发区给予企业85%的扶持比例，那么该企业应缴纳的所得税返还为：

750×40%×85%=225（万元）。

增值税返还为：

805.30×50%×85%=342.25（万元）。

总计：

225+342.25=567.25（万元）。

我们可以看出，企业进行税收洼地的筹划，可以节约税款567.25万元，仅所得税一项就少缴纳225万元。

重庆针对税收洼地也制订了相应优惠政策，政策规定：在招商工业园区注册有限公司、分公司、子公司，企业可以享受地方性的税收优惠政策，所缴纳的税收最高可以返还60%~80%，所得税地方留存40%，增值税地方留存50%。

如果企业为小规模纳税人，地方政府还可以对个税采用核定征收的政策。如果是个人独资企业，不需要考虑其进项成本是多少，可以直接核定为开票额的0.5%~2.19%，综合税率最高保持在5%以下。

某企业为小规模纳税人，年收入低于500万元，且为个人独资企业。该企业2020年销售额为350万元，进项成本为130万元。2021年，因为各种原因，企业销售额下降为230万元，且进项成本增加到170万元。

为了减少税负，可以考虑税收洼地的优惠政策，把企业搬迁到经济开发区，那么该企业2021年应缴纳税款额为进项成本开票额的2%，即：

170×2%=3.4（万元）。

综合税率为5%，那么应缴纳税款为：

230×5%=11.5（万元），11.5-3.4=8.1（万元）。

如果不进行税收筹划，企业应缴纳的增值税和所得税额如下：

增值税：230÷（1+13%）×13%=26.46（万元），企业所得税：（230-170）×20%=12（万元），共计：26.46+12=38.46（万元）。

我们可以看出，选择税收洼地可以让企业少缴纳税款达到30.36万元。

可以说，税收洼地就是企业投资的天堂，虽然各区域的优惠政策不同，但是只要善于研究与考察，就可以找到更有利于减少税负的洼地。

需要注意的是，随着各地政府相继出台相关的税收优惠政策来扩大招商、刺激经济发展，导致一些洼地出现收缩的状态，如上文提到的霍尔果斯。过去几年，很多企业都在霍尔果斯注册登记，或成立分公司，在企业扎堆的情况下，税收优惠的申报变得困难重重，无法为企业带来优惠和便利。因此，我们要慎重且有远见，在考虑减轻自身税收压力的同时，也要选择最佳的税收洼地，争取企业利益最大化。

第7节　股权转让——先分配利润，再转让

随着资本市场的日益成熟，企业对外投资也日益频繁。根据《企业所得税法》规定：企业对外投资期间，投资资产的成本在计算应纳税所

得额时不能扣除。

那么,什么是投资资产?投资资产是企业为了在未来可预见的时期内获得收益或资金增值,在一定时期内向一定领域投放足够数额的资金或实物的货币等价物。企业的投资行为可以分为权益性投资和债权性投资。

图 5-4 投资行为分类

但是,企业在转让或处置投资资产时,其投资资产的成本可以扣除。计算方法包括两个方面:其一,通过支付现金方式取得的投资资产,以购买价款为成本;其二,通过支付现金之外的方式取得的投资资产,以该资产的公允价值和支付的相关税费为资本。企业转让资产时,该项资产的净值,即扣除相关规定的折旧、损耗、摊销、准备金之后的余额,可以在计算应纳税所得额时扣除。

那么,我们如何进行税收筹划呢?

根据《企业所得税法》规定:符合条件的居民企业之间的股息、红利等权益性投资收益作为免税收入,免缴企业所得税。也就是说,除个人独资企业、合伙企业外,企业直接投资于其他居民企业取得的投资收益,包括股息、红利,免征企业所得税。同时,连续持有居民企业公开发行并上市流通的股票不足12个月取得的投资收益,也不在这个范围内。

税法中还有这样的条款：企业转让股权收入，应该在转让协议生效且完成股权变更手续时，确认收入的实现。股权转让所得，即转让股权收入减去为取得该股权所生产的成本。但是，在计算企业股权转让所得时，不能扣除被投资企业未分配利润等股东留存权益中按照该项股权可能分配的金额。

也就是说，在企业准备转让股权的时候，如果该股权中存在大量没有分配的利润，应该先分配股息，再转让股权。这样一来，企业股权转让的价格就会降低，其股权转让所得也会降低，企业所得税相应也会降低。

A企业于2020年5月以银行存款直接注入的投资方式向B企业投资5 000万元。B企业为未上市公司，是一般纳税人，投资资金占其股本总额的60%。假设B企业未分配利润为1 000万元，保存盈余不分配。

2021年7月1日，A企业将其持有的B企业的60%股权全部转让给C企业，转让价格为6 000万元。转让过程中，税费为5万元，那么A企业应缴纳企业所得税额是多少？

假设A企业采用直接转让的方式，转让股权所得为：

6000-5000-5=995（万元）。

应缴纳所得税额为：

995×25%=248.75（万元）。

企业净利润为：995-248.75=746.25（万元）。

假设A企业先分配利润，再进行股权的转让。

2021年5月，企业决定先将50%利润进行分配，那么A企业可以分配的利润额为：

1000×50%×60%=300（万元）。

这300万元股息，无须缴纳股权转让所得税。

2021年7月1日，A企业将其拥有的B企业的60%股权全部转让给C企业，转让价格为5 800万元。转让过程中产生的税费为4万元。那么应缴纳的所得税额如下：

股权转让所得额为：

5800-5000-4=796（万元）。

应缴纳所得税额为：796×25%=199（万元）。

净利润为：795-199+300=896（万元）。

可见，先分配利润后，A企业比之前多获得利润149.75万元。

当然，上面的例子中也存在一个问题，即A企业分配利润后再转让其持有股权，就意味着C企业的利润受到了损害，会要求从转让价款中按照比例剔除相应的利润。所以，A企业需要降低转让价款。

但是，非居民企业转让股权时，被投资企业如果有未能分配的利润和税后提存的各项基金，股权转让人随股权一并转让留存收益权的金额，不能从股权转让价中扣除。

同时，转让股权时，为了尽可能降低所得税，能否刻意压低价款呢？答案是不行。因为有关税法规定，纳税人之间进行交易应按公允价值进行，价格不能明显偏低。一旦价格过低，税务机关就会行使相关权利，对其价格进行调整。一般来说，如果企业处于盈利状态，未分配利润为正数，或企业资本公积有余额，那么转让价格应该高于投资额，而不能低于投资额。转让股权的企业获得转让收益，那么就必须按照税法规定来缴纳所得税。

第8节 企业负债比例越大，节税效果越明显

我们在前文中介绍了向员工集资的税收筹划，接下来，我们来了解一下长期借款融资的税收筹划。

我们知道，除了权益资金外，企业的资金来源主要是负债。负债一般分为长期负债和短期负债。长期负债资本和权益资本的比例关系就是资本构成。长期负债融资主要有两个优势，其一，债务的利息可以抵减应税所得，进而降低应缴纳所得税额；其二，通过财务杠杆作用，增加企业的权益资本收益率。权益资本收益率增加了，企业的净利润就增加了，投资者的风险也会相应降低。

可以说，企业的负债比例越大，节税效果越明显。那么，是不是说负债比例越大，对企业也就越好呢？其实不尽然。因为随着企业负债比例的升高，财务风险会增大，同时未来的融资成本也会增大。也就是说，我们既要考虑节税，又要从企业长远稳定发展的角度考虑，不可顾此失彼。

因为权益资本收益率（税前）等于息税前投资收益率加上负债后除以权益资本，再乘息税前投资收益率与负债成本率的差额。所以，企业只要在税前投资收益率高于负债成本率的前提下，增加负债额度，就可以既节省税款的缴纳，又能够提高净利润。

换句话说，当两者达到一个平衡的时候，即达到增加负债比例的最

高限额。一旦超过这个限额，企业的税后利润就会降低，筹划也就没有意义了。那么，我们应该如何进行筹划呢？

某股份有限公司负债经营，债务利息不变。假设该公司借款3 000万元，权益资本额为3 000万元，负债比例为1∶1，年息税前利润额为600万元，负债利息资本为180万元，年税前利润为420万元，适用税率为25%，那么应纳税额为105万元，企业净利润额为315万元。

假设该公司借款4 000万元，权益资本额为2 000万元，负债比例为2∶1，年息税前利润额为600万元，负债利息资本为280万元，年税前利润为320万元，适用税率为25%，那么应纳税额为80万元，企业净利润额为240万元。

假设该公司借款4 500万元，权益资本额为1 500万元，负债比例为3∶1，年息税前利润额为600万元，负债利息资本为405万元，年税前利润为195万元，适用税率为25%，那么应纳税额为48.75万元，企业净利润额为146.25万元。

从上面的例子我们可以看出，该企业的负债利息可以在税前扣除，随着企业负债比例的不断增加，成本也在不断增加，纳税额则不断降低，从而起到了节税的目的。但是负债成本过高时，成本抵消所带来的收益已经被债务成本的增加削弱或抵消，负债成本已经超过了节税的额度，那么筹划就失去了意义。因此，在利用长期借款融资来进行税收筹划时，我们一定要深思熟虑，全面地思考问题，而不是片面地看问题。

同时，我们知道，长期借款有借款利息和借款费用。一般来说，借款利息和借款费用的增加，会导致成本的增加。但是，如果我们想办法把借款利息和借款费用计入企业税前的成本费用予以扣除或抵消，也可以实现节税目的。

《企业所得税法》规定：企业在生产经营期间向金融机构借款的利息在企业所得税前可据实扣除，向非金融机构借款的利息，如果高于同类金融机构同类、同期贷款利息计算的金额部分，不得从税前扣除。企业为了建造、购置固定资产或开发、购置无形资产而发生的债务，在其投入使用前所支付的利息，为筹措注册资本而发生的债务所支出的利息，不得作为费用一次性从应税所得额中扣除，企业从关联方取得的借款金额超过其注册资本的50%，超过部分的利息支出，不得在税前扣除。

某企业注册资本为500万元，适用所得税税率为25%。2021年1月，企业预计投资400万元，用于一款新产品的研发与生产，并向银行借贷一笔400万元的长期借款，五年内全部还清本息，年利息为6%，每年支付利息为24万元，可以在税前扣除。

该企业向关联企业借款400万元，年利息为5%，每年支付利息为20万元。虽然利息比较低，但是借款金额已经超过其注册资本的50%，超过部分的利息不能在税前扣除，意味着利息费用增加，应纳税所得额也随之增加，无法起到节税的目的。

除此之外，偿还债务方式不同，税收待遇也不同，我们可以利用不同的偿还方式来进行筹划。

某企业从银行贷款1 000万元，用于新生产线的改进，年利率为6%，年收益率为18%，五年内还清全部本息。如果企业采用期末一次性还清本息的方式，那么扣除的利息费用是最多的，节税额也最高。但是，企业所获利润比较低，且现金流出量较大，对于企业生产发展并不利。如果采取每年偿还等额的本金200万元以及当期利息，虽然企业扣除的利息费用比较少，但是税后利润比较低，且现金流出量也比较小，更有利于企业的生产经营活动。

总之，在长期借款融资的筹划中，我们要综合考虑各种因素，既要考虑节税，又要考虑企业的利润，需要两者兼顾。

第六章

个人所得税筹划，切忌用力过猛

第1节　均摊拆分，有效降低税率

随着工资薪金的增长，个人所得税的比例也越来越高。我们知道，工资薪金所得采用的是超额累进税率，也就是说税基越大，适用的税率越高。那么，我们如何合法、合理地对工资薪金进行税收筹划，达到节税、增加收入的目的呢？

在现实生活中，工资发放的尺度和标准掌握在企事业单位手里，一般采用的是"基础薪资+岗位薪资+绩效考核"的方式。基础薪资是比较稳定的，很多企业的医保、社保、公积金的缴交额度都是按照基础薪资来计算；岗位薪资和绩效考核是浮动的，根据员工在岗位上的表现以及业绩情况来调整。

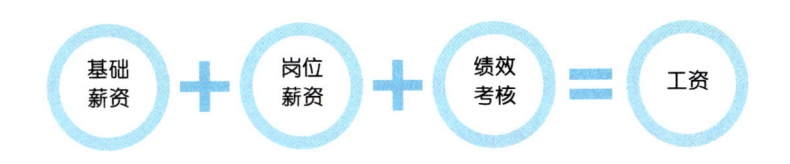

图6-1　企业工资发放标准的普遍计算方式

正是因为岗位薪资和绩效考核的存在，所以纳税人每月所得会出现高低不同的情况，而且有时差额还非常大。这也给个人所得税的筹划创造了很大空间，让我们可以利用均摊拆分的方法来有效地降低税基和使用税率。

《个人所得税法》规定：从2019年1月1日起，对纳税人2018年10月1日以后取得的工资、薪金所得执行每月5 000元的减除费用标准，并按照新的个人所得税税率表计算应纳税额。

也就是说，工资薪金的个人所得税起征点为5 000元，5 000元或以下，不需要纳税。超过这个起征点，就需要按照税法来纳税。

具体的纳税标准和税率如下：

不超过5 000元，适用个人所得税税率为0%；

超过5 000至8 000元的部分，适用个人所得税税率为3%；

超过8 000至17 000元的部分，适用个人所得税税率为10%；

超过17 000至30 000元的部分，适用个人所得税税率为20%；

超过30 000至40 000元的部分，适用个人所得税税率为25%；

超过40 000至60 000元的部分，适用个人所得税税率为30%；

超过60 000至85 000元的部分，适用个人所得税税率为35%；

超过85 000元以上的部分，适用个人所得税税率为45%。

计算公式为：

应纳税所得额=月度收入-5000元（免征额）-专项扣除（三险一金等）-专项附加扣除-依法确定的其他扣除

由于工资薪金采用的是超额累进税率分级计算的方式，计算过于复杂，所以一般采取简便的方法，先将全部应税金额按其适用的最高税率计税，然后再减去速算扣除数，其余额就是应纳税所得额。计算公式为：

应缴纳所得税=应纳税所得额×税率-速算扣除数

速算扣除数标准如下：

应纳税所得额不超过36 000元的部分，预扣率为3%，速算扣除数为0；
超过36 000元至144 000元的部分，预扣率为10%，速算扣除数为2 520；
超过144 000元至300 000元的部分，预扣率20%，速算扣除数为16 920；
超过300 000元至420 000元的部分，预扣率25%，速算扣除数为31 920；
超过420 000元至660 000元的部分，预扣率30%，速算扣除数为52 920；
超过660 000元至960 000元的部分，预扣率35%，速算扣除数为85 920；
超过960 000元的部分，预扣率45%，速算扣除数为181 920。

我们用具体的例子来进行说明。

赵某在2021年10月取得工资薪金15 000元，缴纳五险一金的费用为1 000元。那么，赵某应缴纳所得税额如下：

应纳税所得额：

15000−1000−5000=9000（元）。

应纳所得税额：

9000×10%−210=690元（速算扣除额：2520÷12=210）。

赵某的工资薪金收入有高有低，差额比较大。从2021年8月到12月，每月工资依次为14 700元、6 700元、15 000元、22 000元、7 500元。

如果不进行筹划，那么赵某应缴纳所得税额为：

（14700−1000−5000）×10%−210+（6700−1000−5000）×3%+（15000−1000−5000）×10%−210+（22000−1000−5000）×20%−1410+（7500−1000−5000）×3%=660+21+690+1790+45=3206（元）。

如果我们进行筹划，首先假设该员工2021年8月到12月平均工资为10 000

元，再根据实际工资，实行多退少补的措施，在最后一个月发放。那么赵某应缴纳所得税额为：

[（10000-5000-1000）×10%-210]×4=760（元）。

最后一个月工资为：

14700+6700+15000+22000+7500-40000=25900（元）。

应缴纳所得税为：

（25900-5000-1000）×20%-1410=2570元。

共计：2570+760=3330（元）。

通过计算，我们可以看出经过筹划后，赵某节省了124元所得税。

我们只是筹划了五个月的工资薪金，如果对全年进行筹划，且收入差距更大的话，那么节省下来的税款就是一笔可观的收入。如果将基本工资的额度降低，再将其他部分多次拆分，拆分为岗位薪资、绩效提成、年终奖，那么所得税税基就变得越来越小，从而更大地降低了所缴纳的税款。

方某扣除五险一金和其他费用后，应纳税所得额为24万元，如果不进行筹划，把这笔钱按平均每月2万元发放，那么应缴纳所得税额为：

[（20000-5000）×20%-1410]×12=19080（元）。

在进行筹划时，假设月工资15000元，年终奖为60000元。

工资部分应缴纳所得税额：

[（15000-5000）×10%-210]×12=9480（元）。

年终奖部分应缴纳所得税额：

60000×10%-2520=3480（元）。

共计：

9480+3480=12960（元）。

我们可以看出，经过筹划之后，方某节省了6120元所得税。

第2节　合理调整年终奖，找到最佳纳税方案

年终奖不仅是企业对员工一年来工作业绩的肯定，更能为员工带来货真价实的奖励。

《国家税务总局关于调整个人取得全年一次性奖金等计算征收个人所得税方法问题的通知》规定：全年一次性奖金是指行政机关、企事业单位等扣缴义务人根据其全年经济效益和对雇员全年工作业绩的综合考核情况，向雇员发放的一次性奖金。包括年终加薪、实行年薪制和绩效工资办法的单位根据考核情况兑现的年薪和绩效工资。

虽然年终奖属于一次性奖金，但是并不一定一次全部发放。年终奖的发放额度和形式一般是由企业根据自身实际情况调整，也可以让员工选择或根据最节税的方式发放。企业可以选择间歇性发放，比如，每个季度以奖金的名义下发，或选择化整为零的发放方式，在接近年终时，以创新奖、特殊奉献奖、业绩突出奖等不同的名目下发。

那么，年终奖的个人所得税如何缴纳呢？

税法规定：全年一次性奖金，单独作为一个月工资、薪金所得计算纳税，由扣缴义务人发放时代扣、代缴。具体操作时可以分两步。

第一步，将员工当月取得的年终奖，除以12个月，按其商数确定适用税率和速算扣除数。

假设在发放年终奖的当月，员工工资薪金所得要比税法规定的费用扣除额低，那么就应该将年终奖减除"当月工资薪金所得与费用扣除额的差额"后的余额，按照上述办法确定适用税率和速算扣除数。

第二步，把员工个人当内取得的年终奖，按照上述确定的适用税率和速算扣除数来计算所得税额。

计算公式为：

应纳税所得额＝当月取得年终奖×适用税率-速算扣除数（当月工资薪金所得高于或等于税法规定的费用扣除额）

应纳所得额税额＝（当月取得年终奖-当月薪金所得与费用扣除额的差异）×适用税率-速算扣除数（当月工资薪金所得低于税法规定的费用扣除额）

我们用具体的例子来进行说明。

刘某为某企业销售经理，2021年综合应纳税所得额为80万元，全部来自工资薪金，其中年终奖为18万元，按照每月发放奖金的形式。那么，我们来计算刘某2021年应缴纳个人所得税额。

每月发放年终奖为：

18÷12=1.5（万元）。

适用综合所得税税率为20%，速算扣除数为1410。

每月应纳税所得额为：

80÷12=6.67（万元）。

假设综合费用扣除额为8000元，66700-8000=58700（元）。

那么个人应缴纳所得税额的计算如下：

每月应纳所得税额为：

58700×35%-7160=13385（元）。

年应纳所得税额为：

13385×12＝160620元。

这是按照每月发放年终奖的方式来计算，如果我们对税收进行筹划，采用不同的方式来发放这笔年终奖，即年中7月发放8万元奖金，年末发放10万元奖金。

除7月份以外，各月应纳税所得额为：

（800000－180000）÷12－8000＝43666.67（元）

（适用税率为30%）。

各月应纳所得税额为：

43666.67×30%－4410＝8690（元）。

7月份应纳税所得额为：

66700＋80000－8000＝138700（元）（适用税率为45%）。

7月份应纳所得税额为：

138700×45%－15160＝47255元。

年终奖金：

100000÷12＝8333.33（元）（适用税率为10%）。

年终奖金应纳所得税额为：

100000×10%－210＝9790（元）。

全年应缴纳所得税额为：

8690×11＋47255＋9790＝152635（元）。

可见，这种方式要比每月发放奖金的方式更节税，节税额为7985元。

另外，在条件允许的情况下，我们还可以充分利用调整年终奖的方式来合理地利用各种税收优惠政策。比如，我们可以选择降低每月工资，增加年终奖发放的方式，可以最大限度降低税收负担。

假设刘某每月工资降低为4万元,综合所得应纳税所得额为48万元,一次性年终奖金则变为32万元。

每月应纳税所得额为:

40000-8000=32000(元)。

每月应缴纳所得税额为:

32000×25%-2660=5340(元)。

年终奖金为:

320000÷12=26666.67(元)(适用所得税税率为25%)。

年终奖应纳所得税额为:

26666.67×25%-2660=4006.67(元)。

全年应纳所得税额为:

4006.67×12+5340×12=112160.04(元)。

可见,年终奖发放的额度越大,税负也就最轻。所以,我们应该慎重地选择年终奖发放的方式,进行合理的税收筹划。

第3节 利用专项扣除巧妙减负

每个人都有缴纳个人所得税的义务,但是并不是所有收入都需要缴纳,应缴税所得额是所有收入减去抵扣各种费用的数额。

那么,这些费用如何扣减呢?

新《个人所得税法》规定：基本减除费用标准拟确定为每年6万元，即每月5 000元，3%～45%的新税率级距不变。换句话说，工资薪金所得，减去费用5 000元后的余额，才是个人的应纳税所得额。

图6-2 应缴税所得额的计算

劳务报酬所得、特许权使用费所得，减除20%的费用后的余额，为个人应纳税所得额；稿酬所得的收入额，按减70%计算；财产转让所得，以转让财产的收入额减除财产原值和合理费用后的余额，为应纳税所得额；财产租赁所得，每次收入不超过4 000元的，减除费用800元；超过4 000元的，减除20%的费用，余额为应纳税所得额。

王某为一家设计公司的平面设计师，每月平均工资为7 000元，项目奖金为5 000元。2021年9月，王某兼职为一名客户设计活动海报，劳务报酬为1.5万元，我们来计算一下王某在2021年应缴纳个人所得税额。

工资、薪金的应纳税所得额为：

（7000+5000）×12-60000=84000（元）。

应缴纳个人所得税额为：

84000×10%-2520=5880（元）。

劳务报酬的应纳税所得额为：

15000×（1-20%）=12000（元）。

应缴纳所得税额为：

12000×3%=360（元）（速算扣除数为0）。

共计缴纳个人所得税额为6240元。

同时，除了基础减除的费用，还有专项扣除、专项附加扣除费用等。专项扣除费用包括居民按照国家规定范围和标准缴纳的基本养老保险、基本医疗保险、失业保险等社会保险费和住房公积金。

按照税法规定：

2021年，王某所在城市"五险一金"个人缴纳比例为：

养老保险单位缴费费率为20%，个人缴费费率为8%；

医疗保险单位缴费比例为10%，个人缴费比例为2%；

工伤保险单位缴费比例为0.2%~1.9%，个人不缴费；

生育保险单位缴费比例为1%，个人不缴费；

失业保险单位缴费比例为1%，个人缴费比例为0.5%；

住房公积金单位和个人缴费比例各为7%。

而专项附加扣除费用则包括子女教育、继续教育、大病医疗、住房贷款利息及住房租金、赡养老人等支出。

专项附加扣除金额如下：

纳税人子女接受学前教育和全日制学历教育的相关支出，每个月扣除标准为1 000元。包括义务教育、高等教育、高中阶段教育。可以选择一方扣除100%，也可以选择一方扣除50%。

住房租金每个月扣除标准不同，直辖市、省会（首府）城市、计划单列市以及国务院确定的其他城市，按照每月1500元扣除。其他户籍人口超过100万的城市，按照每月1 100元扣除。户籍人口不超过100万的城市，按照每月800元扣除。

大病医疗花费，扣除医保报销后，个人负担累计超过15 000元的部分，在80 000元之内的，根据实际数额扣除。未成年子女产生的费用也可以选择父母一方扣除。

纳税人在中国境内接受学历（学位）继续教育，按照每月400元标准扣除。但是同一学历（学位）的扣除期不得超过48个月。

纳税人或配偶单独或共同使用商业银行或住房公积金个人贷款的，发生的首套房贷款利息支出，在实际发生贷款利息的年度，按照每月1 000元的标准扣除，期限不超过240个月。

纳税人为独生子女的，按照每月2 000元的标准扣除赡养老人的费用。如果不是独生子女，则按照平均数来扣除。但条件是赡养的老人在60周岁及以上。

利用这些政策我们可以进行税收筹划，充分利用专项扣除和专项附加扣除来降低应缴纳的所得税。

我们再来看看王某的情况。

王某一家三口，妻子40岁，在一家公司做业务员，年收入10万元。女儿9岁，读私立小学3年级，每年学费为2万元。父母的年龄均在60岁以上，而王某也是独生子女。王某还有首套房贷款未还完，每月房贷为3 500元。那么，王某2021年应缴纳的个人所得税额应该如何计算？

王某扣除"五险一金"，应纳税所得额为：

（7000+5000）×12−60000−7000×12×（8%+5%+0.5%+12%）=62580（元）。

王某取得了专项附加扣除项目所需要的发票、协议等凭据，可以扣除子女教育、赡养老人、住房贷款利息。

专项附加扣除额为：

（1000+2000+1000）×12=48000（元）。

应纳税所得额为：

62580-48000=14580（元）。

应缴纳个人所得税额为：

14580×3%=437.4（元）。

劳务收入应缴纳所得税额为：

12000×3%=360（元）。

共计应缴纳个人所得税797.4元，比之前大大地减轻了税负。

第4节　劳务报酬轻松转变，转移成本减少税负

现在人们收入的来源形式越来越多，一些人取得固定收入的同时，还可以获得额外的劳务报酬。比如，我们前面所说的王某通过兼职设计的方式来获得设计收入。劳务报酬采取不同的方式取得，纳税方式也不同，这就意味着会直接影响纳税的多少，获得纯收入的多少。

劳务报酬的取得方式可以分为两种，一是一次性取得，二是分多次取得。

《个人所得税法》规定：

劳务报酬所得，适用比例税率为20%。

每次收入不超过4 000元的，减除费用800元；

4 000元以上的，减除20%的费用，其余额为应纳税所得额。

税率与速算扣除数规定如下：

应纳税所得额不超过20 000元的，税率20%，速算扣除数为0；
超过20 000元至50 000元的部分，税率30%，速算扣除数为2 000元；
超过50 000元的部分，税率40%，速算扣除数为7 000元。

我们用具体的例子来进行说明。

齐某在2021年4月到5月为某企业做一个项目，劳务收入为3万元，一次性取得这笔收入。那么，齐某应缴纳所得税额为：

30000×（1-20%）×30%-2000=5200（元）。

如果齐某不一次性取得，而是分多次取得，即每月取得1.5万元。那么，应缴纳所得税额为：

15000×（1-20%）×20%×2=4800（元）。

可见，分多次取得劳务报酬要比一次性取得节税400元。所以我们可以对其进行筹划。那么，是不是越多次获得，节税就越多呢？

假设，齐某分三次取得，那么其应缴纳所得税为：

10000×（1-20%）×20%×3=4800（元）。

所以说，我们需要根据应纳税所得额的多少来确定具体的应缴纳所得税额，不超过20 000元，税率和速算扣除数不变，应缴纳所得税也不变。但是如果每次不超过4 000元，那么，减除费用就按800元计算。假设齐某按照10次取得，每次取得3 000元，那么应缴纳所得税额为：

（3000-800）×20%×10=4400（元）。

这样的取得方式要比前者节税400元。

所以，我们需要仔细根据自己的实际进行税收筹划，找到最合适的纳税方式。也就是说，我们在提供劳务时，需要合理安排纳税时间内每月收取劳务报酬的数量，多次抵扣法定的定额费用，减少每月的应纳税所得额，适用更低的税率。

当然，除了多次取得劳务报酬的方式，我们还可以转移劳务报酬中的成本，实现减少税负的目的。劳务报酬的成本包括交通费、住宿费、餐饮费、搬运费等，还包括相应的人工工资、福利、劳保、相关费用等。

秦先生是一位企业培训讲师，每年都在全国进行巡回讲座，为大大小小的企业进行相关业务培训。秦先生每次讲座或培训的劳务报酬为6万元，相关费用总额为1万元。

那么，秦先生应缴纳所得税额为：

60000×（1-20%）×30%-2000=12400（元）。

实际净收入为：

60000-12400-10000=37600（元）。

因为秦先生这1万元费用无法税前扣除，所以无法进行抵税，收益也减少了。如果我们对这笔收入进行筹划，让对方企业承担费用，秦先生取得劳务报酬5万元。

那么其应缴纳所得税额为：

50000×（1-20%）×30%-2000=10000（元）。

实际净收入为：

50000-10000=40000（元）。

也就是说，秦先生这笔劳务报酬少缴纳税款2 400元，实际净收入增加了2 400元。

采取转移成本的方式，虽然纳税人减少了收入，但是同时也减少了应纳税所得额。由企业提供伙食、交通以及其他方面的服务来抵扣一部分劳务报酬。对于秦先生来说，费用并没有增加，净收入却增加了。

秦先生还可以把部分劳务收入分给他人，由对方企业以员工劳务收入的方式支付给秦先生。

假设秦先生雇用2名员工，每人工资为5 000元，共计10 000元。那么秦先生应缴纳所得税为：

40000×（1-20%）×30%-2000=7600（元），

10000×（1-20%）×20%=1600（元）。

共计：

7600+1600=9200元。

也就是说，这种方式要比前两种所缴纳的税款要少。

除此之外，我们还可以利用成立公司的方式，把个人纳税人转化为一般小规模企业纳税人，达到节税的目的。我们在前文中已经讲过这一点，这里就不再赘述。

第5节　两利相权取其重

我国《个人所得税法》把纳税人分为两类：居民纳税人和非居民纳税人。

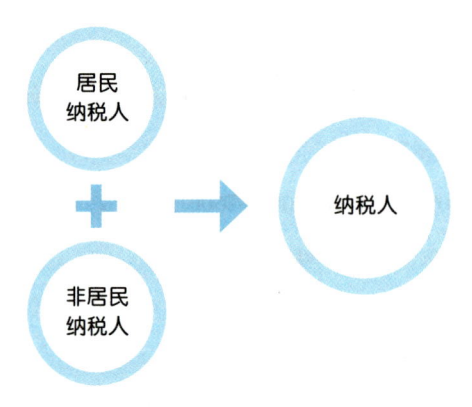

图 6-3　纳税人的分类

具体来说，居民纳税人就是在中国境内有住所，或者无住所而在一个纳税年度居住满183天的个人。居民纳税人从中国境内和境外取得的所有收入，都应该按照税法规定缴纳个人所得税。

而非居民纳税人是指在中国境内无住所又不居住或者无住所而在一个纳税年度居住不满183天的个人。非居民纳税人从中国境内取得的收入，需要按照税法规定缴纳个人所得税，但是从中国境外取得的收入，则不需要缴纳个人所得税。

对于非居民纳税人，税法还有相应的优惠政策。比如，在中国境内无住所，但是在一个纳税年度内在境内居住累计不超过90天，其来源于中国境外的所得，由境外雇主支付及不由该雇主在中国境内的机构、场所负担的部分，可以免缴个人所得税。

在中国境内居住累计满183天、年度连续不满六年，其来源于中国境外且由境外单位或个人支付的所得，免于缴纳个人所得税；在中国境内居住累计满183天的任一年度中有一次离境超过30天，其在中国境内居住累计满183天的年度的连续年限需要重新起算。

麦克是外籍人士，2015年3月因工作需要来到中国境内居住，每年连续居住时间都超过183天，其收入是由境外公司支付。截至2021年3月，麦克在中国境内居住已经连续六年，不再享受免缴纳个人所得税的优惠。为此，麦克在2020年11月离开中国，且时间超过了31天。这样，累计满183天年度的连续年限就需要重新计算，而麦克也会继续享受相关优惠政策，明显减少了税负。

税法规定：2019年1月1日至2021年12月31日期间，外籍个人符合居民个人条件的，可以选择享受个人所得税专项附加扣除，也可以根据相关法规、政策，享受住房补贴、语言训练费、子女教育费等津补贴免税优惠政策，但不得同时享受。这些优惠政策，一旦选择，在一个纳税年度内不得变更。

但是，这项优惠政策有时间要求，从2022年1月1日起，外籍个人不再享受住房补贴、语言训练费、子女教育费津补贴免税优惠政策，而是按照相关税法规定享受专项附加扣除的政策。所以，非居民纳税人可以根据相关优惠政策来进行税收筹划，选择能够最大减轻税负的方式。

同时，《个人所得税法》规定：非居民个人取得工资薪金所得、劳务报酬所得、稿酬所得、特许权使用费所得，可以按月、按次分项计算。工资薪金所得适用超额累进税率，如果某个月所得过高，则适用较高的税率。所以，我们需要对工资薪金进行拆分，按照平均工资来计算，进而获得较低的税率。

孙某为外籍人士，属于中国非居民个人，因为工作需要，每年在境内停留的时间为五个月，领取五个月工资，由中国境内公司来发放。假设孙某每月工资分别为23 000元、12 000元、20 000元、15 700元、25 000元，总额为95 700元。

那么孙某应缴纳所得税额为：

（23000-5000）×20%-1410+（12000-5000）×10%-210+（20000-5000）×20%-1410+（15000-5000）×10%-210+（25000-5000）×20%-1410=2190+490+1590+790+2590=7650（元）。

如果对这笔收入进行平均，前四个月按照18 000元发放，最后一个月按照剩余的部分发放，即23 000元。

前四个月所缴纳所得税额为：

[（18000-5000）×20%-1410]×4=4760（元）。

最后一个月所缴纳所得税额为：

（23000-5000）×20%-1410=2190（元）。

共计缴纳所得税额为：

4760+2190=6950元。

比之前节省700元。

因此，居民纳税人和非居民纳税人承担的纳税义务是不同的，我们应该按照相关税法进行税收筹划，两利相权取其重，避免成为居民纳税人，最后实现节税的目的。

第6节 献出爱心，抵减税收

企业可以通过捐赠进行税收筹划，个人也可以利用这种方式来筹划。但是，个人捐赠与企业捐赠相比有一些区别。

为了鼓励高收入者对公益、教育事业做出贡献，《个人所得税法》规定：对于国防、慰问解放军官兵的捐赠及对政府的捐赠，不受金额限制，可以从综合所得金额中扣除；对于希望工程、残疾人基金的捐赠，可以从综合所得金额中扣除；对于自然灾害造成的损失，对灾区人民的捐赠，可以从综合所得金额中扣除。

但是，税法还有规定：有些捐赠只能从综合所得金额中部分扣除，一般按照所得额设定的一定比例来扣除。比如，个人将应纳税所得向教育、民政部门以及遭受自然灾害地区、贫困地区捐赠，其中在应纳税所得额30%以内的部分，可以在个人所得税前扣除。超过比例的部分，不能给予扣除。

李某适用个人所得税税率为25%，应纳税所得额为35万元，速算扣除数为31 920。

那么，李某应缴纳所得税额为：
350000×25%-31920=55580（元）。

如果通过捐赠的形式进行税收筹划，李某针对某地区发生特大洪灾向红十字会进行捐赠，捐赠额为10万元。

那么，允许税前扣除的金额为：

35×30%=10.5（万元）。

也就是说，李某实际捐赠的10万元可以全额在所得中扣除，节约的所得税款为：

10×25%=2.5（万元）。

速算扣除数为31920，应缴纳所得税额为：

（350000-100000）×25%-31920=30580（元）。

如果李某捐赠15万元，那么就不能全额扣除，应缴纳所得税额仍为3.058万元，但是最后得到的收入却减少了。

很多时候，一些人的收入比较高，捐赠也比较多。这时候，我们还可以采取成立慈善机构的形式来进行税收筹划。成立公司后，个人捐赠就变成了企业捐赠，这样一来，所捐赠的金额就可以在当期净利润内扣除，不仅可以节省企业所得税及分配股利，还可以有效地控制资金，把捐赠更好地应用到公益事业之中。

随着李某个人收入的增加，捐赠金额也越来越高，为了更好地管理资金，也为了节省更多的税款，他决定成立自己的慈善机构。

李某2021年应纳税所得额为100万元，适用所得税率为45%。李某向某贫困地区希望小学捐赠图书馆一座，捐赠金额为25万元，该笔捐赠在应纳税所得额30%以内的部分，可以在个人所得税前扣除。那么，李某允许税前扣除的金额为：

100×30%=30（万元）。

李某实际捐赠的25万元可以全额在所得中扣除，节约的所得税款为：

25×45%=11.25（万元）。

应缴纳所得税额为：

1000000×45%-181920=268080（元），

26.808-11.25=15.558（万元）。

李某成立自己的慈善机构后，把个人捐赠变成企业捐赠，所捐赠的金额就可以在当期净利润内扣除。那么，李某应缴纳所得税额为：

100-25=75（万元）。

因为企业为小规模纳税人，减按25%计入应纳税所得额，并按20%的税率计算所得税，那么李某应缴纳所得税额为：

75×20%×25%=3.75（万元）。

可见，后者要比前者节税11.808万元。

我们需要注意一点，针对特定事项的捐赠，财政部、国家税务总局出台了税收优惠政策，允许在企业所得税前全额扣除。比如，企业对于汶川地震灾后重建、玉树地震灾区的捐赠，可以享受企业所得税前全额扣除的优惠。不过，这些针对特定事项的捐赠都有时间限制，我们需要注意这个问题。

除此之外，如果个人资产或遗产比较多，也可以运用捐赠的方式来进行税收筹划。比如，某人死亡后，可以把遗产捐赠给各级政府及公立教育、文化、公益、慈善机构、公有事业机构或全部公股的公营事业，减少遗产税的缴纳。还可以成立基金，每年拿出相应的比例来做慈善，捐赠给教育事业或贫困山区。采取这两种方式来进行税收筹划，既献出了爱心，又抵减了税负。

第7节　巧立公司，最直接的筹划方法

除了前文介绍的几种降低税负的方法，我们还可以采取成立公司的方式来筹划，达到降低个人所得税税负的目的。

一般来说，企业所得税税率比个人所得税税率低很多，尤其个人收入较高的情况下，收入越高，税率越高。

我们前文中已经说过，年收入低于180万元的小微企业和个体工商户，不需要缴纳增值税。《关于实施小型微利企业普惠性所得税减免政策有关问题的公告》中规定：自2019年1月1日至2021年12月31日，对小型微利企业年应纳税所得额不超过100万元的部分，减按25%计入应纳税所得额，按20%的税率缴纳企业所得税；对年应纳税所得额超过100万元但不超过300万元的部分，减按50%计入应纳税所得额，按20%的税率缴纳企业所得税。

《个人所得税法》规定：居民个人取得全年一次性奖金，可以选择并入当年综合所得计算纳税。自2022年1月1日起，居民个人取得全年一次性奖金，应并入当年综合所得计算缴纳个人所得税。年收入超过96万元的部分，按照45%的税率缴纳税款。

马某是一位钢琴培训师，2020年开始钢琴培训教学业务，共取得劳务收入110万元，期间发生场地费、交通费、资料费等费用支出，共计30万

元。那么，马某应纳税所得额为：110-30=80（万元），应缴纳个人所得税为：

800000×35%-85920=194380（元）。

应缴纳增值税额为：

110÷（1+3%）×3%=3.2（万元）。

这里我们不计算教育附加费等税款，合计为22.638万元。

如果马某成立一家钢琴培训机构，性质为个人独资，由培训公司对外开展业务，自己则每月从公司领取1.2万元工资。

那么，作为小规模纳税人，马某的培训公司应缴纳的企业应纳税所得额为：

110-30-1.2×12=65.6（万元）。

企业应缴纳所得税为：

65.6×25%×20%=3.28（万元）。

应缴纳增值税额为：

110÷（1+3%）×3%=3.2（万元）。

共计6.48万元，比之前少缴纳税款16.158万元。

从上面的例子中我们可以看出，成立公司，是最直接的税收筹划方法，大大地降低了税负，增加了净收入。或许有人会说，如果成立公司，需要缴纳各种费用，还需要聘用工作人员，缴纳社保、残疾人保障基金等。没错，这是事实。但是，对于小规模纳税人，税法给予了很多优惠政策。比如，季度销售额不超过30万元，无须缴纳教育费附加；公司成立前三年，员工不超过30人，也不用缴纳残疾人保障基金。

同时，财政部和税务总局对于个人独资创业、合伙人创业都有不少相关的优惠政策。

财政部和税务总局规定：符合国家规定的高新技术企业，符合条件的第三产业企业，以废渣、废水、废气为主要原料生产的企业，新办的劳务服务就业企业等都可以享受一定程度的减免税待遇。

假设企业属于科技类创投类型，采取的是有限合伙制，企业满两年的，合伙人分别可以得到相关优惠：法人合伙人，可以按照企业投资额的70%抵扣法人合伙人从企业分得的所得；当年不足抵扣的，可以在以后的纳税年度结转抵扣。个人合伙人，可以按照企业投资额的70%抵扣个人合伙人从企业分得的经营所得；当年不足抵扣的，可以在以后的纳税年度结转抵扣。

同时，从2019年1月1日起，创投企业选择按单一投资基金核算的，个人合伙人从该基金应分得的股权转让所得和股息红利所得，可以按照20%税率计算缴纳个人所得税；如果企业选择按年度所得整体核算，那么个人合伙人获得的企业的经营所得，按照5%~35%的超额累进税率计算个人所得税。政策实施期限为2019年1月1日至2023年12月31日。

刘某和四个朋友共同成立了科技类创投企业，投资额共计6 000万元，投资期满两年后，2021年年利润总额为7 000万元，五个合伙人对经营成果平均分配，刘某为法人合伙人，每个人可以按照股权转让和股息、红利所得来计算个人所得税。

那么，企业应纳税所得额为：

7000−6000×70%=2800（万元）。

应缴纳个人所得税额为：

2800×20%=560（万元）。

每人应缴纳个人所得税额为：

560÷5=112（万元）。

因此，我们可以利用国家对于创业企业的税收优惠政策，有效增加税前抵扣，减轻企业税负，进而增加个人净收入。

第8节　股票和股息所得，尽量延长持有时间

目前，股票投资已经成为最普遍的投资方式，很多个人利用购买股票或投资某企业的方式来增加个人收益。所以，我们在对个人所得进行筹划时，也需要对股票投资进行筹划，以减轻税收负担。

《个人所得税法》规定：个人从公开发行和转让市场取得的上市公司股票，持股期限超过一年的，股息红利所得征暂免征收个人所得税；个人从公开发行和转让市场取得的上市公司股票，持股期限在一个月以内（含一个月）的，其股息红利所得全额计入应纳税所得额；持股期限在一个月以上至一年（含一年）的，暂减按50%计入应纳税所得额。

以上所得，适用个人所得税税率为20%。

所以，根据上述规定，我们应该尽量延长持有股票的时间，选择恰当的时机出售手中的股票。

张某投资股票，于2020年7月3日购买某公司的股票10 000股，每股价格为23.5元。按照惯例，该企业每年7月中旬分红，每股股票分红0.3元。根据股市行情，张某在2020年7月25日、2021年3月5日，2021年7月25日都有机会出售股票，从中获得较高的收益。那么，选择不同的出售时机，收益

有什么不同呢？

如果张某选择在2020年11月5日出售股票，可以获得分红，但是持有时间不足一个月，股息、红利所得应该全额计入应纳税所得额。

张某的股息、红利所得，应缴纳所得税额为：

10000×0.3×20%=600（元）。

出售股票的差价即资本利得，暂免征个人所得税。

如果张某选择在2021年3月5日出售股票，因为持有时间超过一个月，但是不超过一年，虽然股息、红利所得需要计入应纳税所得额，但是暂减按50%计入。即应缴纳股息、红利所得的应纳税额减少了一半，为300元。

如果张某选择在2021年7月15日出售股票，因为持有时间超过一年，那么股息、红利所得不需要计入应纳税所得额，也不需要缴纳个人所得税。

需要注意的是，延长股票持有时间，的确可以节税，增加个人收益。但是股票市场波动很大，而且股票收益最主要来源于资本利得，所以，我们必须综合考虑股票的行情和大盘走势，千万不能因小失大。

与此同时，个人投资企业，不包括个人独资企业、合伙企业，获得的利息、股息、红利所得属于个人所得，也应该按照个人所得税法缴纳个人所得税。根据税法规定：纳税年度内个人投资者从其投资企业借款，在该纳税年度终了后既不归还，又未用于企业生产的，未归还的借款视为企业对个人投资者的红利分配，应该按照"利息、股息、红利所得"计征个人所得税。

所以，在个人所得税筹划中，我们可以按照相关规定把利润留在投资企业，通过借款的方式取得未分配利润，实现节税的目的。

马某投资某一人有限责任公司，该企业每年产生100万元利润。如果马某每年都分配红利20万元，那么就需要缴纳个人所得税，应缴纳个人所得税额为：

20×20%=4（万元）。

如果马某每年不分配红利，而是把利润留存在企业，然后以借款的方式取得，但不归还，也不用于企业生产，那么马某仍需要缴纳个人所得税，税额为4万元。如果马某不缴纳所得税，就将面临每日0.05%的滞纳金以及罚款。

但是如果马某每年不分配红利，在年初把这笔未分配利润借出，在年底再偿还，那么就不需要缴纳个人所得税。也就是说，马某利用这种筹划方式，每年都可以节税4万元，大大减轻了税收负担。

第9节　经营所得，尽可能减少应纳税额

《个人所得税法》规定：经营所得，主要分为四项内容：其一，个体工商户从事生产、经营活动的所得，个人独资企业投资人、合伙企业的个人合伙人来源于境内注册的个人独资企业、合伙企业生产、经营的所得；其二，个人依法从事办学、医疗、咨询以及其他有偿服务活动取得的所得；其三，个人对企业、事业单位承包经营、承租经营以及转包、转租取得的所得；其四，个人从事其他生产、经营活动取得的所得。

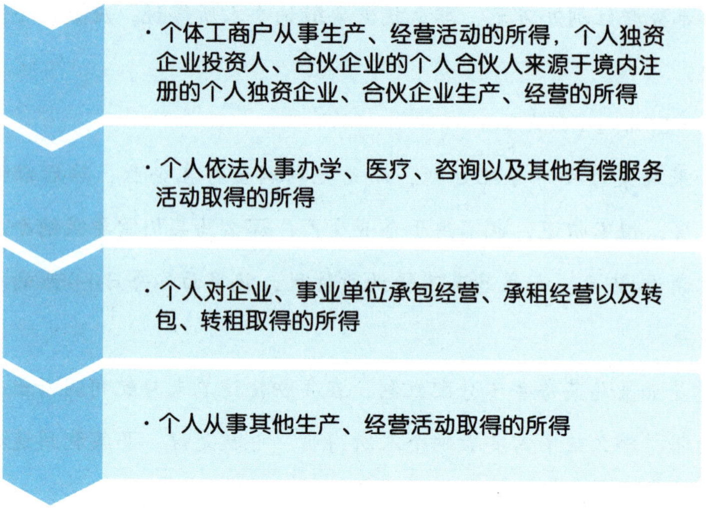

图 6-4 经营所得包含的内容

经营所得应当缴纳个人所得税。纳税人取得的经营所得,以每一纳税年度的收入总额减除成本、费用以及损失后的余额,为应纳税所得额,按年计算个人所得税。

取得经营所得的个人,没有综合所得的,计算其每一纳税年度的应纳税所得时,应当减除费用6万元、专项扣除、专项附加扣除以及依法确定的各项扣除。

经营所得,适用于5%~35%的超额累进税率,具体税率如下:

不超过30 000元,税率为5%,速算扣除数为0;
超过30 000元至90 000元的部分,税率为10%,速算扣除数为1 500;
超过90 000元至300 000元的部分,税率为20%,速算扣除数为10 500;
超过300 000元至500 000元的部分,税率为30%,速算扣除数为40 500;
超过500 000元的部分,税率为35%,速算扣除数为65 500。

经营所得直接由收入总额和允许扣除的各种费用决定，所以，在进行税收筹划时，我们应该充分利用税法规定的各项扣除，减少应纳税所得额，进而降低税收负担。

覃某为个体工商户，从事餐饮服务业，因创业初期采取夫妻店的模式，覃某主要负责采买、后厨，还雇用了一位厨师，妻子负责收银、打杂，但是未领取工资。假设平均每月销售额10万元，扣除的各种费用为2万元。

那么，覃某2021年经营所得应纳税额为：

（100000-20000）×12=960000（元）。

应缴纳个人所得税额为：

960000×35%-65500=270500（元）。

如果我们进行税收筹划，增加扣除的各项费用，即为覃某妻子发放工资，每月为6 000元，那么应纳税额就减少了。

应纳税额为：

（100000-20000-6000）×12=888000（元）。

应缴纳个人所得税额为：

888000×35%-65500=245300（元）。

可见，经过筹划之后，扣除费用增加，比之前少缴纳税款25 200元。虽然覃某妻子需要缴纳个人所得税，但是其应纳税额比这个数额少许多，两人的净收入也是增加的。

此外，因为我国对小微企业出台了许多税收优惠政策，所以我们还可以利用注册一人有限责任公司的方式来进行税收筹划。小微企业的税负比个体工商户的税负低。

方某开办了一家广告制作店，性质为个体工商户，主要业务为灯箱制作、展板设计制作、文化墙设计等。每年可以取得经营所得50万元，扣除各种费用为15万元。之后随着业务范围扩大，每年取得经营所得增加到100万元，扣除各种费用为30万元，税负也随之增加。

于是，方某决定把个体工商户转变为一人有限责任公司，不超过100万元的部分，减按25%计入应纳税所得额，按20%的税率缴纳企业所得税。

假设方某把税后利润全部分配，应缴纳所得税额为：

（100-30）×25%×20%=3.5（万元）。

方某分得利润后，税率为20%，应缴纳个人所得税额为：

（100-30-3.5）×20%-1.05=12.25（万元）。

共计：3.5+12.25=15.75（万元）。

如果不进行筹划，继续以个体工商户的模式经营，应缴纳所得额为：

（100-30）×35%-6.55=17.95（万元）。

可见，经过筹划之后，比之前少缴纳税款2.2万元。

从上面的例子中可以看出，如果方某不分配利润，把税后利润都留存在企业，只需要缴纳企业所得税即可，还可以更好地节税。虽然之后利润分配时，方某也需要缴纳个人所得税，但是却为这笔资金创造了时间价值，让方某可以拥有一段时间的流动现金。

除了以上两种方式，我们还可以利用合伙企业的方式来降低税负。

我们先来了解什么是合伙企业。很简单，合伙企业是按照中国法律、行政法规，由几个合伙人成立的企业。合伙企业的每个合伙人都是纳税人，合伙人是自然人的，需要缴纳个人所得税；合伙人是法人或其他组织结构的,需要缴纳企业所得税。

税法规定:合伙企业生产经营所得和其他所得应该采取"先分后税"的原则,即先分配利润,再纳税。生产经营所得和其他所得包括分配给所有合伙人的所得和企业当年留存的利润。

合伙企业经营所得应纳税所得额先按比例分配给合伙人,再由合伙人缴纳个人所得税。所以,增加一个合伙人,就可以增加基本扣除6万元,所以合伙人越多,每个合伙人应缴纳的个人所得税就越少。

某合伙企业有两个合伙人,2020年应纳税所得额为80万元,平均分配给两个合伙人。

那么,每个合伙人应缴纳所得税额为:

(40-6)×30%-4.05=6.15(万元)。

共缴纳个人所得税额为:

6.15×2=12.3(万元)。

如果增加一个合伙人,所得额平均分配给三个人,那么每个合伙人应缴纳所得税额为:

(26.67-6)×20%-1.05=3.084(万元),

共缴纳个人所得税额为:

3.084×3=9.252(万元)。

我们可以看出,增加一个合伙人,比之前节省税款3.048万元。

需要注意的是,合伙人之间越能平均分配所得额,节省的税款就越多。如果分配不均,差额越大,多缴纳的税款也会越多。所以,在成立合伙企业及进行税收筹划时,我们需要系统地、全面地考量,找出更优的筹划方案。

第七章

筹划其他税种，寻找更多突破口

第1节　合理压缩，优化契税支出

契税是土地使用权、房屋所有权发生变更时，按照所订契约向承受的单位或个人征收一定比例的一次性税收。《中华人民共和国契税法》规定：在中国境内转移房屋权属、土地使用权的纳税人，都应该缴纳契税，税率为3%~5%。同时，在中国境内房屋、土地的赠与和互换也需要缴纳契税，税率也是3%~5%。

需要注意的是，契税的适用税率由省、自治区、直辖市人民政府在税率范围内按照本地区的实际情况确定，目前大部分地区实行的是3%的契税，而河北、辽宁、江苏等个别地区，实行的是4%的税率，吉林、黑龙江实行的是5%的税率。

下面我们来看看契税的计税依据，总共包括三点：其一，土地使用权出让、出售，以及房屋买卖，为土地、房屋权属转移合同确定的成交价格，包括应交付的货币以及实物、其他经济利益对应的价款；其二，土地使用权互换、房屋互换，为所互换的土地使用权、房屋价格的差额；其三，土地使用权赠与、房屋赠与以及其他没有价格的转移土地、房屋权属行为，由税务机关参照土地使用权出售、房屋买卖的市场价格依法核定的价格。

- 土地使用权出让、出售，以及房屋买卖，为土地、房屋权属转移合同确定的成交价格，包括应交付的货币以及实物、其他经济利益对应的价款

- 土地使用权互换、房屋互换，为所互换的土地使用权、房屋价格的差额

- 土地使用权赠与、房屋赠与以及其他没有价格的转移土地、房屋权属行为，由税务机关参照土地使用权出售、房屋买卖的市场价格依法核定的价格

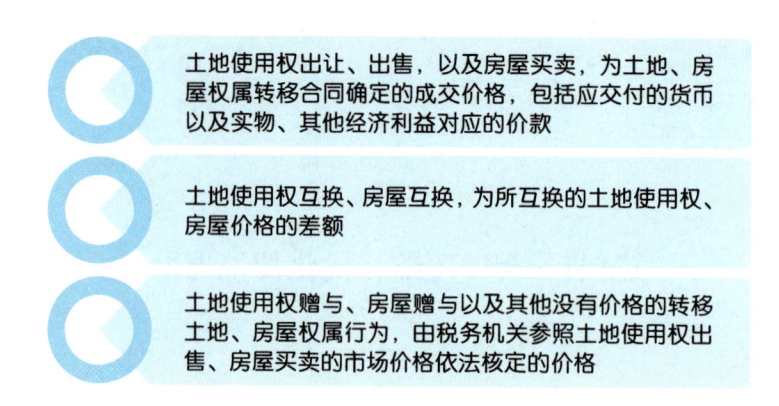

图 7-1 契税的计税依据

因为契税的税率是确定的，我们无法在这方面进行税收筹划，不过却可以在成交价格上下功夫。比如，交易双方可以适当地降低交易价格，以减少所缴纳的税款数额，但是有一个前提——合法。如果交易价格明显比市场价格低，那么不仅无法实现减轻税负的目的，还可能涉嫌违反税法。

根据契税法规定：对个人购买家庭唯一住房（家庭成员范围包括购房人、配偶以及未成年子女，下同），面积为90平方米及以下的，减按1%的税率征收契税；面积为90平方米以上的，减按1.5%的税率征收契税。对个人购买家庭第二套改善性住房，面积为90平方米及以下的，减按1%的税率征收契税；面积为90平方米以上的，减按2%的税率征收契税。家庭第二套改善性住房是指已拥有一套住房的家庭，购买的第二套住房。

我们可以充分利用这一税收优惠政策来减轻税负。

某家庭一家四口，计划购买一套住房，购买的房屋面积为150平方米，价格为300万元（不含增值税）。

那么该家庭应缴纳契税为：

300×1.5%=4.5（万元）。

如果我们对其进行筹划，购买两套90平方米的住房，价格为150万元，均不含增值税。

那么该家庭应缴纳的契税额为：

150×1%×2=3（万元）。

这样一来，后者比前者节省了1.5万元契税。

如果第一套房超过90平方米，为100平方米，价格为180万元，那么该家庭应缴纳的契税为：

180×1.5%=2.7（万元），150×1%=1.5（万元）。

共计4.2万元，比之前节省了3 000元契税。

按照契税法的规定：土地所有权交换、房屋交换，其计税依据是交换的土地所有权房屋的价格差额。但是，如果交换价格相等，可以免征契税；如果交换价格不相等，由多交付的货币、实物、无形资产或者其他经济利益的一方来缴纳契税。这就给我们筹划留下了空间，可以减少交换价格差额来实现节税目的。

A企业有一栋办公楼，价值1 000万元；B企业有一个仓库，价值1 200万元。两家企业都需要对方的不动产来满足生产经营需求，于是采取了交换的方式来交易。根据税法规定，双方互相交换不动产，A企业应该是纳税人，而当地规定的契税税率为4%，那么A企业应缴纳的契税额为：

（1200-1000）×4%=8（万元）。

如果我们对这笔契税进行筹划，A企业了解到B企业需要对办公楼进行重新粉刷、装修、维修，于是便与对方达成协议，由A企业对办公楼进行粉刷、装修、维修，费用为200万元。那么，A企业的办公楼价值则提升到1200万元，也就是说，两者的价值相等，可以免征契税。这样一来，A企业就不需要缴纳契税，因此节省了8万元税款，大大地减轻了税负。

我们还可以利用企业合并、分立的方式来进行税收筹划。

第一，企业合并。

企业合并可以分为两种情况。

（1）吸收合并，即一个企业存续，合并其他解散的企业。

（2）新设合并，即设立一个新的企业，再合并这些已经解散的企业。

税法规定：无论是吸收合并，还是新设合并，合并的企业仍然承受原来的房地产权属，不需要缴纳契税。

第二，企业分立。

企业分立也分为两种情况。

（1）存续分立，分立时，原企业存续，再将它的一部分分离出一个或几个新企业。

（2）新设分立，其含义与合并类似，原企业解散，分立出的各部分分别成立新企业。

税法规定：无论是派生方还是新设立方承受原企业土地、房屋权属，都不需要缴纳契税。

A企业2021年3月进行资产重组，需要一处工厂进行生产经营活动。而B企业刚好有一处工厂需要出售，价值为800万元。A企业向B企业购买这处工厂，需要缴纳契税，适用税率为3%，应缴纳契税额为：

800×3%=24（万元）。

如果A企业采用合并的方式，将B企业吸收合并，那么属于B企业的工厂也属于A企业，A企业就不需要再缴纳契税。

第三，其他可以享受免征契税优惠的情况。

根据相关税法规定，有六种情况也可以享受免征契税的优惠。

（1）国家机关、事业单位、社会团体、军事单位承受土地、房屋权属用于办公、教学、医疗、科研、军事设施。

（2）非营利性的学校、医疗机构、社会福利机构承受土地、房屋权属用于办公、教学、医疗、科研、养老、救助。

（3）承受荒山、荒地、荒滩土地使用权用于农、林、牧、渔业生产。

（4）婚姻关系存续期间夫妻之间变更土地、房屋权属。

（5）法定继承人通过继承承受土地、房屋权属。

（6）依照法律规定应当予以免税的外国驻华使馆、领事馆和国际组织驻华代表机构承受土地、房屋权属。

另外，国务院对居民住房需求保障、企业改制重组、灾后重建等情形规定可以免征或者减征契税。

对于契税的税收筹划方式有很多，需要我们根据自身的实际情况进行合法、合理的筹划，达到减少缴纳契税额度，更好地为自己谋取经济利益的目的。

第2节　印花税不起眼，也要科学核算

税法规定，在经济活动和经济交往中书立、使用、领受的应税经济凭证的纳税人都需要缴纳印花税。

在很多企业和个人看来，印花税税率比较低，很不起眼。但事实上，如果企业在生产经营中订立的合同比较多，且合同金额巨大，那么需要缴纳的税款金额也会很大。所以，我们需要科学筹划，尽可能减少印花税的缴纳，毕竟多节税一分，利润就多增加一分。

接下来，我们来看看印花税的税率以及主要涉及哪些经济合同方面的事项。

按照不同的应纳税凭证性质，印花税分别采用比例税率和定额税率。

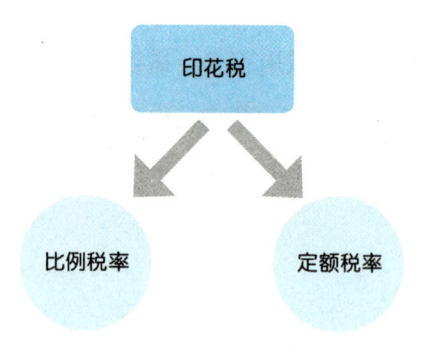

图 7-2　印花税的税率计算方式

第一，比例税率。

比例税率分五种情况。

（1）借款合同，适用税率为0.5‰。

（2）购销合同、建筑安装工程承包合同、技术合同等，适用税率为0.3‰。

（3）加工承揽合同、建设工程勘察设计合同、货物运输合同、产权转移书据合同、记载资金数额的营业账簿等，适用税率为0.5‰。

（4）财产租赁合同、仓储保管合同、财产保险合同等，适用税率为1‰。

（5）因股票买卖、继承、赠与而书立"股权转让书据"（包括A股和B股），适用税率为1‰。

以上各项的纳税义务人都是立合同人。具体的税目、税额标准可以参考《印花税税目、税率（税额标准）表》。

第二，定额税率。

如果凭证无法计算金额，或虽然载有金额，但是作为计税依据不合理的凭证，则采用定额税率。权利、许可证照、营业账簿中的其他账簿，均为按件贴花，单位税额为每件5元。

此外，根据国务院的专门规定，股份制企业向社会公开发行的股票，因买卖、继承、赠与所书立的股权转让书据，应当按照书据书立的时候证券市场当日实际成交价格计算的金额，由出让方按照1‰的税率缴纳印花税。

印花税是以应纳税凭证所记载的金额、费用、收入额和凭证的件数为计税依据，其计算公式为：

应纳印花税额=应纳税凭证记载的金额（费用、收入额）×适用税率

应纳印花税额=应纳税凭证的件数×适用税额标准

那么，应该如何对印花税进行税收筹划呢？

我们可以利用单独核算记载金额或者签订多个合同的方式来进行筹划。如果没有分别记载金额，那么需要按照较高的税率合并缴纳印花税，这相当于多缴纳了一部分税款。而单独核算之后，适用高税率的按照高税率缴纳，适用较低税率的按照低税率缴纳。

A企业与B企业是长期合作的业务伙伴，A企业每年都向B企业租赁机器设备，采购定量的货物。2021年A企业向B企业租用机器设备一年，约定价格为30万元。双方签订了相应的购销合同，订购一批货物，价格为200万元，约定上述租赁和购买的相关事项，但未分别记载相应金额，只规定A企业向B企业支付款项230万元。

那么，A企业应缴纳印花税额为：

230×1‰=0.23（万元）。

两家企业共缴纳印花税额为0.46万元。

如果我们进行筹划，把两项交易分别记载金额，那么A企业应缴纳印花税额为：

200×0.3‰=0.06（万元），30×1‰=0.03（万元）。

共计：

0.06+0.03=0.09（万元）。

两家企业合计缴纳印花税额为0.18万元，比之前节省了0.28万元税款。

税法规定：同一凭证载有两个或两个以经济事项而适用不同税目税率，如果能分别计算记载金额，应该分别计算应纳税额，进而实现分别纳税、降低税负的目的。如果双方达成良好合作，可以进行协商，在适应税率较高的合同中少计金额，在适用税率较低的合同中多计金额，来达到减轻税负的目的。

此外，如果双方当事人信誉良好，假设一些新出现的经济业务合同还没有及时做出具体的规定，还可以利用税法上的一些空白进行筹划，避免多缴纳印花税税款。

如果交易双方是长期合作伙伴，在一个纳税年度中进行多次货物或劳务的交易，那么我们可以减少合同订立的次数。因为税法规定：每一次订立合同，纳税人都要缴纳一次印花税。

我们接着上面的例子来看。

A企业每年都向B企业租赁机器设备，采购定量的货物。租用机器设备每年为30万元，货物价格为200万元。如果双方签订一个为期三年的合同，约定上述租赁和购买的相关事项，并且分别记载相应金额。这样一来，流转环节减少了，也避免了重复缴纳印花税。这意味着，两家企业合计应缴纳的印花税与筹划后相同，依旧是0.18万元，在一定程度上节省了税款。

对于印花税的税收筹划，我们还需要注意三点：其一，如果修改合同，增加金额，那么增加的部分也应该缴纳印花税；其二，应纳税凭证所载金额为外国货币的，纳税人应该按照书立当日的外汇汇率来折合人民币，然后再计算出应纳税额；其三，同一凭证，如果由两方或者两方以上当事人签订并各执一份，各方都是纳税人，都需要缴纳各自的印花税。但是，当事人不包括保人、证人、鉴定人。

第3节　有车一族，也要筹划购置税

车辆已经成为人们生活中的必需品，绝大多数家庭都拥有一辆车，有的家庭甚至有两辆甚至更多车辆。而这也使得车辆购置税成为一笔不小的开支，加大了家庭的税负负担。

《车辆购置税法》规定：在境内购置规定车辆的单位和个人，应当缴纳车辆购置税，其征收范围包括汽车、摩托车、电车、挂车以及农用运输车。

这里所说的购置不仅包括购买，还包括进口、自产、受赠、获奖或者其他方式取得并自用应税车辆的行为。车辆购置税实行一次性征收，已经征收过的车辆，不再征收。

车辆购置税的税率为10%，计算公式为：

应缴纳购置税额=应税车辆的计税价格×税率

按照发票上"价税合计"金额计算，公式为：

应缴纳购置税额=计税价格÷（1+13%）×10%

那么对于应税车辆的计税价格，税法中有哪些规定呢？主要分为四种情况：其一，纳税人购买自用应税车辆的计税价格，为纳税人实际支付给销售者的全部价款，不包括增值税税款；其二，纳税人进口自用应税车辆的计税价格，为关税完税价格加上关税和消费税；其三，纳税人自产自用应税车辆的计税价格，按照纳税人生产的同类应税车辆的销售价格确定，不包括增值税税款；其四纳税人以受赠、获奖或者其他方式取得自用应税车辆的计税价格，按照购置应税车辆是相关凭证载明的价格确定，不包括增值税税款。

王某购买一辆某品牌的新汽车，售价为13万元，增值税税率为13%，而机动车销售专用发票的购车价包含增值税税款。所以，在计算车辆购置税时，我们需要先将增值税扣除，然后再按照10%的税率缴纳购置税。所以，王某应缴纳购置税额为：

130000÷（1+13%）×10%=11504.42（元）。

显然，车辆购置税是直接由车辆售价决定的，价格越高，购置税增加得越多。所以，我们筹划车辆购置税的时候，需要尽量降低其车辆价格，将一些价外费用降到最低，或不计入计税价格（这与实际存在一定的差别，车购税实际是根据国家统一指导价格作为计税基础的）。

我们再接着上面的例子看。

王某购买这辆新车时，还在店内购买了4 000元的专用工具及6 000元的汽车装饰。如果将三项价款统一开具发票，合计金额为14万元，车辆购置税的计税价格也是14万元，缴纳车辆购置税额为：

140000÷（1+13%）×10%=12389.38（元）。

如果把这些费用分别计价，缴纳车辆购置税后再支付这笔款项，那么计税价格为13万元，车辆购置税为11 504.42元，也就是说王某节省了884.96元税款。

除了专用工具和汽车装饰外，《车辆购置税征收管理办法》明确规定：价外费用还包括销售方向购买方收取的基金、集资费、返还利润、补贴、违约金（延期付款利息）和手续费、包装费、储备费、优质费、运输装卸费、保管费等各种性质的款项。

此外，《车辆购置税征收管理办法》还规定：凡使用代收单位的票据收取的款项，应视为代收单位的价外费用，并入计税价格计算征收车辆购置税；如果使用委托方的票据收取，受托方只履行代收义务或收取手续费的款项，不并入计征车辆购置税；购买者随车购买的工具、零件、车辆装饰费等，应作为购车款的一部分或价外费用，并入计税价格征收车辆购置税；如果不同时间购买，或销售方不同，则不并入计征车辆购置税。所以，我们可以利用这一政策来进行税收筹划，降低计税价格，实现节省税款的目的。

同时，《车辆购置税征收管理办法》还规定了车辆购置税的最低计税价格，其价格根据市场平均交易价格来确定。

张某购买某品牌新车，售价为25万元，这款型号车辆的最低计税价格为20万元。那么我们在进行税收筹划时，可以按照最低计税价格来开具发票，其他款项与价外费用进行合并。

也就是说，按照最低计税价格，加上增值税以后，

价格为：

200000×（1+13%）=226000（元）。

应缴纳购置税额为：

226000÷（1+13%）×10%=20000（元）。

如果不进行筹划，应缴纳的购置税额为：

250000÷（1+13%）×10%=22124（元）。

经过税收筹划之后，少缴纳车辆购置税额为2 124元。

此外，随着新能源汽车的普及，越来越多的人开始接受、购买新能源车辆，而新能源汽车的购置税优惠也成为一个亮点。比如，根据国家相关部门的规定，2021年1月1日至2022年12月31日，对购置的新能源汽车免征车辆购置税。如果我们选择新能源汽车，那么就不需要再缴纳购置税，可以省下一笔不小的税费。

第4节　车船税，税收筹划大不同

车船税是以车船为征税对象，向拥有车船的单位和个人征收的一种财产税。

车船税与车辆购置税不同，车船税每年都需要缴纳，在投保交强险时一并缴纳；而车辆购置税则在购车时一次性缴纳，在车辆使用过程中不需要再缴纳。

《中华人民共和国车船使用税暂行条例》规定：车船税的征税范围是车船税所附税目税额表规定的车辆和船舶，包括依法应当在车船管理部门登记的机动车辆和船舶，以及依法不需要在车船管理部门登记的在单位内部场所行驶或者作业的机动车辆和船舶。

车船税是按年申报，分月计算，一次性缴纳。新购入的车船，购置当年应纳税额自纳税义务发生的当月起，按月计算。计算公式为：

应纳税额=计税价格×税率

应纳税月份数=12-纳税义务发生时间+1

车船税采取的是定额税率，下面我们来了解一下其税目税额。

乘用车按照发动机气缸容量（排气量）来计算：

1.0升及以下（含1.0升）排量，每辆60~360元；

1.0~1.6升（含1.6升），每辆300~540元；

1.6~2.0升（含2.0升），每辆360~660元；

2.0~2.5升（含2.5升），每辆660~1 200元；

2.5~3.0升（含3.0升），每辆1 200~2 400元；

3.0~4.0升（含4.0升），每辆2 400~3 600元；

4.0升以上，每辆3 600~5 400元。

商用车包括客车和货车：

客车，核定载客人数为9人，每辆480~1 440元；

货车，整备质量每吨为16~120元。其中挂车按照货车税额的50%计算。

船舶包括机动船舶和游艇：

机动船舶，净吨位每吨3~6元；

游艇，艇身长度每米600~2 000元；

需要注意的是，不同吨位的船舶适用的具体税额也不同。根据细则的规定：

净吨位小于或者等于200吨，每吨3元；

净吨位201~2 000吨，每吨4元；

净吨位2001~10 000吨，每吨5元；

净吨位10 001吨及其以上，每吨6元。

船舶吨位	税额
净吨位≤ 200 吨	3元/吨
201 吨≤净吨位≤ 2 000 吨	4元/吨
2 001 吨≤净吨位≤ 10 000 吨	5元/吨
10 001 吨≤净吨位	6元/吨

图7-3　船舶税额的计算细则

由此可见，车船税的计算与车船的排量、吨位、艇身有直接关系。排量大、吨位高、艇身长，税额就高；相反，排量小、吨位低、艇身短，税额就低。我们可以利用临界点来进行税收筹划，通过考虑车船的性能、质量、价格及需要缴纳车船税的多少，合理负担应缴纳的税款。

某船舶运输企业计划购进几艘新船，用于运输货物。经过对性能、载重、价格等方面的考察，最终在两种型号的船舶中选择。一种净吨位2 000吨，另一种净吨位2 100吨，价格相差无几，使用年限都是10年。

那么，该企业应该选择哪一种船舶呢？

如果选择净吨位2 000吨的船舶，每年应缴纳车船税额为：

4×2000=8000（元）。

10年使用期间，共缴纳8万元。

如果选择净吨位2 100吨的船舶，那么每年应缴纳车船税额为：5×2100=10500（元）。

10年使用期间，共缴纳10.5万元，比2 000吨的船舶多缴纳2.5万元车船税。

因此，如果2 100吨位的船舶不能为企业带来更多的经济效益，为了节省税款，可以选择2 000吨位的船舶，为企业减轻税负。

当然，《车船税法》中还有很多优惠政策，我们可以利用这些优惠政策来进行筹划。

税法规定：捕捞、养殖渔船，拖拉机，军队、武警专用的车船，警用车船免征车船税；按照有关规定已经缴纳船舶吨税的船舶，也免征车船税；依照我国有关法律和我国缔结或者参加的国际条约规定，外国驻华使馆、领事馆和国际组织驻华机构及有关人员的车船免征车船税。

税法还规定：节约能源、使用新能源的车船可以减征或免征车船税；受严重自然灾难影响纳税困难以及有其他特殊原因的确需要减税、免税的，可以减征或免征车船税；省、自治区、直辖市人民政府可以根据当地实际情况，对城市、农村公共交通车船给予定期减税、免税，对农村居民拥有并主要在农村地区使用的摩托车、三轮汽车、低速载货汽车定期减税、免税。

张某想要买一辆性价比高的汽车跑出租，经过考察之后，有两个选择：一是某品牌1.6 L排量的乘用车；一是某品牌的纯电动乘用车，价格相差不多。如果选择前者，他每年需要缴纳车船税，税额为500元。如果选择后者，那么就不需要缴纳车船税。如果该乘用车预计使用年限为10年，那么张某就节省了5 000元税款。

第5节 房产税筹划，从价还是从租，节税说了算

通常情况下，很多人会将房产税、房地产税和契税混淆。其实，这三者并不相同。

房产税，是以房屋为征税对象，依据房屋价格或租金收入向房屋产权所有人征收的一种税种。房地产税，则是一个综合性概念，它包括土地增值税、城镇土地使用税、耕地占用税、增值税、印花税、契税、个人所得税等针对房地产所征收的税种，其中也包括房产税。也就是说，房产税包括在房地产税当中。契税，我们在前文中已经讲过，它是土地、房屋权属转移的时候，向纳税人征收的一种税收。

房产税的纳税人是征税范围内的房屋产权所有人，产权属于国家的，由国家缴纳；产权属于集体的，由集体缴纳；产权属于经营单位的，由经营单位缴纳；产权属于个人的，由个人缴纳。

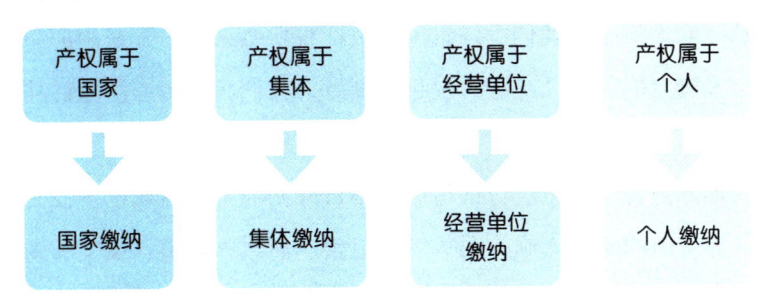

图 7-4 缴纳房产税的纳税人

房产税征收标准可以分为从价计征和从租计征两种。从价计征的计税依据是房产原值一次减去10%~30%后的余值，年税率为1.2%；从租计征是房产租金收入，年税率为12%。

从价计征的计算公式为：

应缴纳房产税税额=房产原值×（1-扣除率）×1.2%

从租计征的计算公式为：

应缴纳房产税税额=租金收入（不含税）×12%

某企业有一块土地，占地2万平方米，每平方米平均地价1万元。该企业计划在土地上建造一座厂房，通过计算房产原值为16 000万元。该企业为一般纳税人，该地区原值扣除率为30%。

那么，该工厂应缴纳的房产税额为：

16000×（1-30%）×1.2%=134.4（万元）。

该企业建好厂房后，租赁给另外一家企业，租金为每年50万元，租赁期限为10年。

那么，应缴纳房产税额为：

50×10×12%=60（万元）。

从上面的例子中我们可以看出，房产税要缴纳多少，是由房屋原值和租金来确定的，所以在进行税收筹划时，我们应该想办法降低其原值和租金。

我们知道，房屋原值包括与房屋不可分割的各种附属设备或一般不单独计算价值的配套设施，如暖气、卫生、通风、照明、煤气等设备；蒸汽、压缩空气、石油、给水排水等管道及电力、电信、电缆导线；电梯、升降机、过道、晒台等；以及室外扶梯、天桥、水箱、冷暖气设备、中央空调等。而房屋附属设备则包括水管、下水道、暖气管、煤气管等。

相关税法规定：为了维持和增加房屋的使用功能或使房屋满足设计要求，凡是以房屋为载体，不可随意移动的附属设备和配套设施，如排水、采暖、电气等，无论在会计核算中是否单独记账与核算，都应该计入原值，征收房产税。

但是，一些不属于房产的建筑物，则可以不计入原值，进行单独记账和核算，进而对税收进行合理筹划。

某企业兴建了一座新工厂，一部分是厂房，用于企业生产；一部分是办公场所以及辅助设施，包括办公楼、停车场、喷泉景观、员工活动运动设施等。整个工厂造价15 000万元，其中停车场、喷泉景观、员工活动运动设施等造价为300万元。

如果不进行筹划，把所有建筑物都统一记账和核算，那么15 000万元造价都计入原值，应缴纳房产税额为：

15000×（1-30%）×1.2%=126（万元）。

进行筹划后，把停车场、喷泉景观、员工活动运动设施等都建在室外，并且在会计核算时进行单独记账，那么其造价就不需要计入原值，应缴纳房产税额为：

（15000-300）×（1-30%）×1.2%=123.48（万元）。

比之前少缴纳税款2.52万元。

从租计征的房产税也是如此，如果能把水、电等费用分别核算，也可以减少税基，降低税负。需要注意的是，如果房屋原值比较高，房屋租金比较低，那么按照从价计征的方式，需要缴纳的税款比较高。所以，我们需要合理地选择经营模式，将出资改变为出租。

企业以约定股东的形式出资投入现金，为另一家企业建造厂房，或直接以厂房的实物形式来出资，那么企业就需要缴纳较高的房产税。但是如果把出资改为租赁，税额就降低了，而且租金还可以在税前扣除。

反之，如果房屋租金比较高，而房产原值比较低，那么按照从租计征的方式，需要缴纳的税款就比较高。这时，我们可以与承租方进行协商，把出租的方式转换为其他形式，然后采取从价计征的方式，从而减少纳税的数额。

A企业有一处闲置库房，原值为800万元。B企业因为生产经营需要，想要租赁这处库房，双方商定每年租金为80万元，从价计征的扣除率为30%。按照从租计征的方式，那么A企业应缴纳的房产税额为：

80×12%=9.6（万元）。

双方经过协商，把租赁改为仓储，由A企业代为保管B企业需要存放的货物，然后由B企业支付其仓储费。那么，A企业就需要采用从价计征的方式，应缴纳的房产税额为：

800×（1-30%）×1.2%=6.72（万元）。

经过筹划之后，节税2.88万元。

除了以上方法，我们还可以采用转租的方式来进行税收筹划，因为转租方不是房屋产权所有人，所以只需要缴纳增值税，不需要缴纳房产税。纳税人可以成立一家资产管理公司，将企业拟出租的房产先以较低的价格出租给资产管理公司，然后再由后者按照市场价格转租房产。

要注意的是，企业出租给资产管理公司的价格不能低于市场价，必须在正常合理波动范围，否则容易出现问题。

第6节 有房出租，不可不筹划租金收入

《房产税法》规定：用于出租的房产，房产税按照租金收入来计算纳税，税率为12%。在营改增之后，租赁和仓储所缴纳增值税的税率不同，而且增值税、印花税等可以转嫁，并且不影响税收筹划的结果，所以我们可以暂时不考虑增值税、印花税的问题。

无论是企业还是个人，出租房屋都可以获得经济收益，但是税收负担过重，又会影响收益的增加。所以，对租金进行筹划势在必行。

《财政部、国家税务总局关于调整住房租赁市场税收》规定：对按政府规定价格出租的公有住房和廉租住房，包括企业和自收自支事业单位向职工出租的单位自有住房、房管部门向居民出租的公有住房、落实私房政策中带户发还产权并以政府规定租金标准向居民出租的私有住房等，暂免征收房产税、营业税。

对个人按市场价格出租的居民住房，应缴纳的营业税暂减按3%的税率征收，房产税暂减按4%的税率征收。对个人出租房屋取得的所得暂减按10%的税率征收个人所得税。

同时根据廉租住房经济适用住房和住房租赁相关税法规定，对个人出租住房，无论用途是什么，按4%税率征收房产税，免征城镇土地使用税。对企事业单位、社会团体以及其他组织按市场价格向个人出租用于居住的住房，减按4%的税率征收房产税。对个人出租、承租住房签订的

租赁合同，免征印花税。

营改增之后，向个人出租住房，按照5%的征收率减按1.5%计算应纳税额。房产出租，计征房产税的租金收入不包含增值税。免征增值税的，在确定计税额时，成交价格、租金收入、转让房地产所得都不扣减增值税。

根据以上相关规定，我们可以利用租金数额的不同对租金进行筹划，实现节税的目的。我们可以与承租人进行物品或劳务的交换来降低租金数额，从而减轻房产税的负担。

齐某有一套住房出租，每月租金为3 500元。由于齐某每月收入不超过2万元，所以不需要缴纳增值税。对个人出租，适用税率为4%。

那么，齐某每年应缴纳房产税额为：

3500×4%×12=1680（元）。

住房承租人恰好是一家画室的老师，齐某的子女到画室学习绘画，每月学费为1 500元。那么两人就可以进行劳务交换，齐某降低房屋的租金至2 000元，那么，每年应缴纳税房产税额为：

2000×4%×12=960（元）。

降低租金之后，齐某每年可以节省税款720元。

除了采用交换物品和劳务的方式，我们还可以利用减少出租房屋附属设施的方式来降低房租。很多房屋在出租前都需要进行装修，附带一些家具和家电，如沙发、电视机、空调等。装修越好、设施越齐全的房屋，租金就越高，所以需缴纳的税款也越高。

实际上，租金中很大一部分都是家具和家电的租金，而这些不需要缴纳房产税。所以，我们可以与承租人进行协商，签订两份出租合同，一份是出租房屋合同，一份是出租家具和家电合同。另外，我们还可以减少家具和家电的种类，由承租者自己来购买，或先将家具和家电出售给承租者，等到契约期满之后再用低价回购家具和家电。

张某将一套房屋出租给一家小微企业用来办公，租金为每年60 000元。房屋中有一套沙发、一台电视机、两台空调、一个写字台及一些其他家具。因为这家企业不需要沙发、电视机等物品，于是双方协商减少了一些附属设施，降低房屋租金，每年为50 000元。张某每年需缴纳房产税额为：

50000×4%=2000（元）。

比之前少缴纳税款400元。

如果双方达成协议，张某先将空调、写字台等卖给对方，租金降低为40000元，等租约期满后再购买回来，那么又可以节税400元。

当然，这里我们没有计算增值税、个人所得税，即使计算进去，因为平均每月收入没有达到起征点，也不需要缴纳增值税，同时个人所得税的应纳税额税率也没有太大变化。而且，随着租金的减少，个人所得税的应纳税额减少，税负也降低了。

第7节　二手房买卖，能省一分是一分

二手房买卖，也需要缴纳相应的税款，涉及的税种比较多，比如，卖方需要缴纳增值税、个人所得税、土地增值税和印花税（暂免征收）。而买方则需要缴纳契税、印花税（暂免征收）和土地出让金。

财政部和国家税务总局政策规定：对单位、个人转让住宅二手房征收增值税、城市维护建设税、教育费附加、地方教育费附加及个人所得税。新规定已于2021年1月1日正式实施。

我们来看一看具体的征收标准和税率。

第一，增值税。

（1）个人将购买不足二年的住房对外销售，全额征收增值税。

（2）将购买二年以上（含二年）的非普通住房对外销售，按照其销售收入减去购买房屋的价款后的差额征收增值税。

（3）将购买二年以上（含二年）的普通住房对外销售，免征增值税。税率为5.55%。

第二，个人所得税。

（1）如果是家庭唯一住宅，且购买时间超过五年，可以免交个人所得税。

（2）第一种情况中的任何一个条件不满足，则必须缴纳个人所得税。税率为交易总额的1%，或者两次交易差额的20%。

第三，契税。

（1）住宅类房屋按房款总价的1%~3%交纳契税。

（2）对个人购买普通住房，且属于家庭唯一住房，减半征收契税。

（3）个人购买90平方米及以下普通住房，且属于家庭唯一住房，减按1%税率征收契税；90~140平方米，按照1.5%税率征收；140平方米以上按照3%税率征收。

（4）属于家庭二次购房，无论是多少平方米，都按照3%的税率征收。

增值税	个人所得税	契税
◎个人将购买不足二年的住房对外销售，全额征收增值税 ◎将购买二年以上（含二年）的非普通住房对外销售，按照其销售收入减去购买房屋的价款后的差额征收增值税 ◎将购买二年以上（含二年）的普通住房对外销售，免征增值税	◎如果是家庭唯一住宅，且购买时间超过五年，可以免交个人所得税 ◎第一种情况中的任何一个条件不满足，则必须缴纳个人所得税。税率为交易总额的1%，或者两次交易差额的20%	◎住宅类房屋按房款总价的1%~3%交纳契税 ◎对个人购买普通住房，且属于家庭唯一住房，减半征收契税 ◎个人购买90平方米及以下普通住房，且属于家庭唯一住房，减按1%税率征收契税；90~140平方米，按照1.5%税率征收；140平方米以上按照3%税率征收 ◎属于家庭二次购房，无论是多少平方米，都按照3%的税率征收

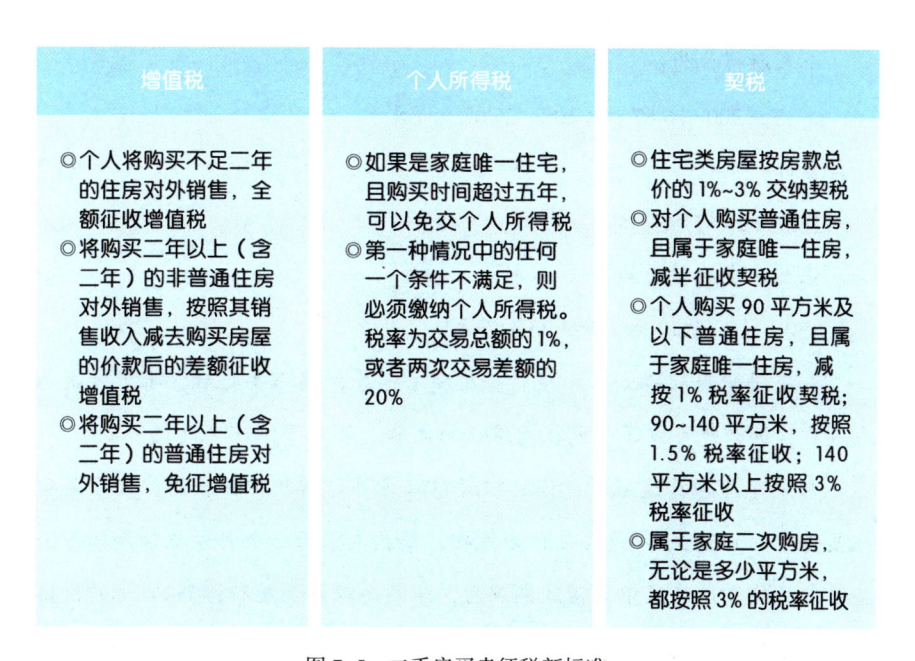

图7-5 二手房买卖征税新标准

纳税人在进行二手房买卖时，可以充分利用这些减免税优惠政策来进行税收筹划。如果没有满足相关条件，可以通过筹划来创造条件，以满足相关优惠政策。如果期限没有达到，也可以先通过租赁房屋的方式,等到期限满之后再办理买卖手续,以便享受优惠政策。

李某于2019年5月1日在北京购买了一套商品房,属于普通住宅,购买价格为200万元,包含各种税费。2020年3月,李某打算将这套商品房卖给张某,价格为350万元,适用税率为5%。那么,李某和张某分别缴纳的税款是多少呢?

如果不进行筹划,双方直接进行交易和过户,那么李某应缴纳的增值税为:

350÷(1+5%)×5%=16.67(万元)。

个人所得税为:

(350-200-16.67)×20%=26.67(万元)。

合计:

16.67+26.67=43.34(万元)。

张某应缴纳契税额为:

350÷(1+5%)×1%=3.33(万元)。

如果进行税收筹划,李某将房屋租给张某,满二年之后,再进行交易或过户,那么就可以享受免征增值税的优惠,节省下16.67万元的税款。

如果李某急需这笔钱,还可以考虑双方签订借款抵押合同,即李某向张某借款350万元,以该房屋作为抵押,借款期限为三个月。抵押期间,张某可以居住在该房屋中,借款期满后,李某则以该房屋折价350万元的价格抵偿给张某。等到2021年6月,即满二年之后,李某再将房屋过户给张某,并办理过户手续。

当然,为了彼此的利益,双方必须在合同中约定相应的权利与义务,并且进行公证。这样一来,李某只需缴纳个人所得税即可。

李某应缴纳个人所得额为:

（350-200）×20%=30（万元）。

张某应缴纳契税额为：

350÷（1+5%）×1%=3.33（万元）。

而且，张某缴纳契税的时间推迟三个月，也可以获得延期纳税的利息。

经过筹划之后，李某比之前少缴纳税款13.34万元，净收入得到很大提高。

总之，二手房买卖所缴纳的税款种类比较多，且税负也比较重。所以，我们应该多在这方面下功夫，寻找更合理、更能节税的方法。如果购买房屋是出于投资的目的，就需要在购买前综合考虑税率的问题，可以投资税负比较低的普通住房；如果不急于出售，最好关注房屋的持有时间，等到满二年期限后再进行交易，争取较低的税负。

第8节　分别核算资源税，切不可行差就错

资源税是对开采应税矿产品和生产盐而进行销售或者自用的单位和个人征收的税，而批发、零售已税矿产品和盐的单位及个人则不需要缴纳资源税。

哪些资源需要缴税？

资源税的税目包括五大类：能源矿产、金属矿产、非金属矿产、水气矿产、盐。每个税目都包括若干个子目。比如，能源矿产包括原油、

天然气、煤等；金属矿产包括铁、锰、铜、锌等；而盐则包括海盐原盐、湖盐原盐、井矿盐等。

我们需要了解资源税的纳税义务发生的时间。销售应税产品，纳税义务发生时间分三种情况，其一，采取分期收款结算方式，是销售合同规定的收款日期的当天；其二，采取预收货款结算方式的，是发生应税产品当天；其三，采取其他结算方式的，是收讫货款或者取得索取销售凭据的当天。

自产自用的应税产品，纳税义务发生时间是移送使用应税产品的当天。

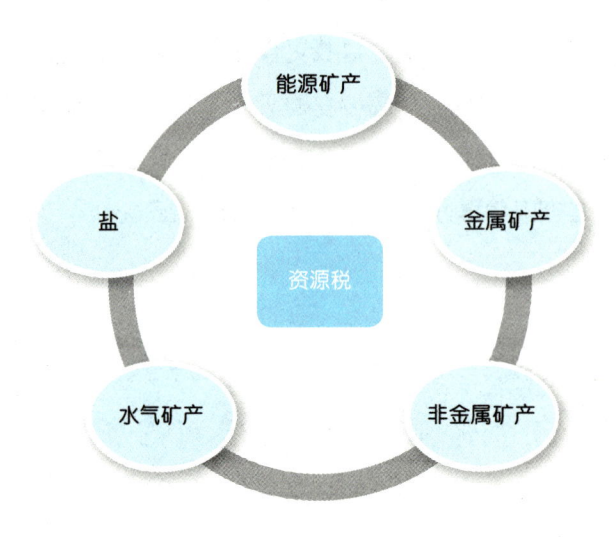

图 7-6 资源税的五大类税目

代扣、代缴税款的，纳税义务发生时间是支付货款的当天。

资源税的纳税期限为1日、3日、5日、10日、15日或者1个月。如果不能按固定期限计算纳税的，也可以按次计算。

资源税应纳税额的计算公式按照从价计算为：

应纳税额=销售额×适用税率

其中销售额不含增值税，适用于大部分资源。

按量计算公式为：

应纳税额=销售数量×定额税率

适用于黏土、砂土等资源。

那么，如何对资源税进行税收筹划呢？

第一，分开核算不同税目的应税商品。

我们可以分别核算不同税目的应税产品，税法规定：开采不同税目的应税产品，应当分别核算不同税目应税产品的销售额或销售数量，否则，需要按照高税率进行纳税。

资源税中还包含享受减免税的税目。

（1）开采原油过程中用于加热、修井的原油，免征资源税。

（2）开采或生产应税产品过程中，因意外事故或者自然灾害等原因遭受重大损失的，由省、自治区、直辖市人民政府根据实际情况决定减免税。

（3）如果开采年限在15年以上的衰竭期矿山，其矿产资源减征30%资源税。

（4）依法在建筑物下、铁路下、水体下，通过充填开采方式采出的矿产资源，减征50%的资源税。

（5）开采销售共伴生矿，共伴生矿与主矿产品销售额应该分开核算，这样一来，共伴生矿就不需要缴纳资源税。

某矿产开采企业，2021年5月开采的能源矿产包括煤和天然气，销售额为2000万元，适用税率分别为5%和6%。如果不分别核算，按照较高的6%税率来计算，意味着企业将多缴纳税款。

如果该企业开采的一处矿山已经达到了15年的年限，那么其资源税就可以减征30%。但是企业不分开核算，就无法享受这一项优惠政策，无法实现节税的目的。

第二，利用折算进行税收筹划。

除了分开核算，我们还可以利用折算来进行税收筹划，避免多缴纳相应的税款。

税法规定：因为某种原因，纳税人如果无法提供或无法准确提供应税产品销售数量或转移数量，可以按照应税产品的产量或主管税务机关确定的折算比例来换算销售数量或转移数量。

某企业由于连续加工，无法精确计算原煤数量，那么我们可以按照其加工产品的综合回收率，即加工产品的实际销量和自用量折算来作为原煤数量。如果精确计算金属和非金属矿产品移送的原矿数量，可以把精矿选矿比折算为原矿数量。

一般来说，折算比是按照同行业平均综合回收率或选矿比来确定的。

在筹划的时候，我们可以先计算出本企业的综合回收率或选矿比，如果这个比值比同行业的平均综合回收率或选矿比低，那么企业实际移送的应税产品数量就比税务机关折算的数量高。这样一来，企业少缴纳了税款，实现了节税的目的。

当然这种筹划方式不适用于所有资源，主要适用于煤炭、金属等非金属矿产品原矿。

某铁矿2021年9月销售原矿2 000吨，入选精矿600吨，适用税率为每吨2元。假设该矿山的实际选矿比为15%，税务机关确定的选矿比为35%。那

么按照实际选矿比来计算,该矿山应缴纳资源税额为:

2000×2+600÷15%×2=12000(元)。

如果该铁矿无法确定原矿适用数量,按照税务机关计算确定的选矿比来折算,那么应缴纳的资源税额为:

2000×2+600÷35%×2=7428.57(元)。

因为该矿山的实际选矿比要比税务机关确定的选矿比低,所以少缴纳税款4 571.43元。

以上例子中,如果矿山的实际选矿比要比税务机关确定的选矿比高,那么这个方法就不适用了。

第9节 企业"走出去",筹划也需国际化

随着国际贸易的不断发展,越来越多企业已经走出国门,对外投资,发展贸易活动。而企业走向世界,就需要了解各个国家的税收政策,学会如何避免国际间的重复征税及如何对税收进行筹划。

目前,世界各国基本上实行复税制,所以普遍存在税制性重复征税的现象。

A国某企业到B国从事经营活动,所得100万美元,B国行使地域税收管辖权,对其征收所得税,税率为30%,那么企业应缴纳所得税30万美元。而A国对其也行使居民税收管辖权,对其征收所得税,税率为20%,那么企

业应缴纳所得税20万美元。也就是说，纳税人的所得受到了国际间的重复征税，两国同时对该企业同一所得征收所得税50万美元，这就加大了该企业的税负。

因此，跨国纳税人需要利用各种合法、合理的筹划方式，在各国税收法规和有关税收协定条款许可的范围内，通过个体或法人、货币或资产的转移或不转移来减轻税负。

那么，我们如何进行税收筹划呢？

第一，避免成为居民纳税人。

目前，世界上多数国家都同时实行居民税收管辖权和地域税收管辖权，即对居民纳税人全球范围的所得征税，对非居民纳税人，只对本国的所得征税。

每个国家对居民身份的确定标准不同，主要是住所标准和时间标准不同。住所标准是指个人在一国拥有永久性住宅，那么就属于该国居民。时间标准是指个人在一国连续停留超过一定时间，就属于该国居民。

利用个人居住地的变化，避免成为居民纳税人，可以让我们少缴纳所得税，进而实现减轻税负的目的。除了避免成为居民纳税人，我们还应该避免成为高税国居民纳税人，减少相应所得税、遗产税等税款的缴纳。

第二，把企业迁移到低税国。

在实际中，很少有企业采用将企业迁移到低税国的方法，因为很多资产，如厂房、地皮、机器设备等不容易迁移，甚至无法迁移。而在当地变卖资产，则需要缴纳大量税款。那么我们应该如何去做呢？

国际上对法人居民的判定标准主要有两类：一是按机构登记所在

地，二是按实际管理机构所在地。

按机构登记所在地相对容易，只要企业变更登记地即可。

而按实际管理机构所在地则复杂得多，也有很多标准。

（1）总机构标准，即总机构在哪个国家，就属于哪个国家的居民纳税人。

（2）管理中心标准，即企业的实际控制或实际管理中心在哪个国家，就属于哪个国家的居民纳税人。

（3）主要经济活动标准，即企业的主要经济活动在哪个国家境内，就属于哪个国家的居民纳税人。

在利用居住地变化而进行税收筹划的过程中，企业可以在其他国家设立分支机构，但是总部和主要经济活动都在本国。这样一来，企业就可以享受各种税收优惠，进而减轻税负。同时，企业还可以利用流动作业的方式，利用政府规定的免税期进行经济活动。

一些海外建筑承包公司在其他国家建立流动工厂，进行流动性的经济活动。每到一国就收购原材料，就地加工，就地出售，生产周期比较短，不需要逗留太长时间。加工、销售产品之后，企业就转移到下一个国家，这样一来，企业就不需要缴纳相关税收。

第三，利用企业资产和个人资产的流动。

跨国企业利用分支机构或子公司分布国度的税收差异，可以进行收入和费用项目的设计和安排。

（1）加大高税国机构或公司的成本费用，降低应税所得额。

（2）降低低税国机构或公司的成本费用，增加应税所得额。

这样一来，企业的资产从高税国流向低税国，适用高税率的资产减少，适用低税率的资产增加，最终实现节税的目的。

日本属于高税国，而巴哈马群岛是自由港，税率远比日本低得多。所以，日本某些企业就利用信托公司，将年利润的80%都转移到这家信托公司，有效地降低税款。

但是，需要注意的是，这种资产的流动必须合法、合理，否则不仅不能实现节税的目的，还可能因为偷税、漏税而受到惩罚。

第四，利用人和资产的非流动。

人和资产的流动，可以实现节税的目的，同时，人和资产的非流动，即纳税人不离开境内，也可以实现节税的目的。

纳税人可以利用与银行之间的契约关系，比如，与银行签订信托合约，银行受委托帮助该纳税人收取利息。当该银行所在国与支付利息者所在国签订双边税收条约时，就可享受利息扣缴的优惠。

第五，巧妙使用"避税地"。

"避税地"是指某一国家或地区的政府为吸引外国资本流入，发展本国或本地经济，而在本国或本地区划出一定区域和范围，或全部区域和范围。投资者在这些区域和范围从事经济活动，可以享受不纳税或少纳税的优惠待遇。

巴哈马、百慕大、格陵兰、开曼群岛、瑙鲁等为纯国际避税地，不需要缴纳个人或公司所得税、净财富税、遗产税；中国澳门、瑞士、马来西亚、新加坡、巴拿马、中国香港、哥斯达黎加等对外国经营给予特别税收优惠。

企业可以在某国的"避税地"设立一家子公司，然后把总公司制造的产品直接推销给另一个国家。比如，日本本田汽车公司就在巴哈马群岛设立一家子公司，企业向某国出售汽车时，虽然交易没有经过巴哈马群岛的子公司中转，但是收入却转到子公司的账上，从而享受免税的优惠政策。

企业也可以采用以基地公司作为控股公司、信托公司、金融公司的方式，将利润汇到相关控股公司、信托公司、金融公司，利用双方的税收协定来实现少纳税甚至不纳税的目的。

除此之外，还有很多关于国际税收的筹划方式，在不违反相关税法的前提下，深入研究、巧妙安排，那么减轻税负就不是难题。

第八章

提醒：切勿步入税收筹划的误区

第1节 误区一：税收筹划，就是一味地降低税负

税收筹划是通过对纳税方法的事先谋划、设计和安排，使企业达到合理减轻税负，同时又提高企业经济效益的策划活动。

减低税负，是税收筹划的一个主要目的，但不是唯一目的，更不是根本目的。然而在现实生活中，很多纳税人包括企业负责人、财务人员都陷入一个误区——一味地降低税负。他们认为税负最低的筹划方案，就是最佳方案。于是无论任何情况，都要把税负降到最低，从多个筹划方案中选择税负最低的那一个。

我们在前文中一直强调：税收筹划应该从长远、全局出发，从制订方案到具体实施的过程都要"从业务中来到业务中去"，把筹划方案融入企业的战略发展之中，而不是单纯地为了降低税负而筹划。

换句话说，一味选择税负最低的方案，是一种片面的、不合理的税收筹划。我们应该避免误入这个陷阱。比如，《企业所得税法》规定，一般纳税人的企业所得税基础税率是25%，申请为高新技术企业后，可以享受减按15%的税率征收企业所得税。而对于小微企业来说，年应纳税所得额不超过300万元，减按50%计入应纳税所得额，税率则为20%。也就是说，实际税率只有10%。

但是，随着企业业务范围的扩大，销售收入的不断增加，进项和扣除等费用不足，以及各种无票支出，企业所得税额必然是上升的。这

个时候，如果纳税人把关注点只集中在税负上，不顾企业的正常业务发展，不优化企业自身的财务制度，很可能导致违反税法相关规定，甚至会影响企业的发展。

同时，税收只是企业众多经营成本中的一种，在税收筹划中，我们适当减少税收成本，但是更要考虑其他成本问题。如果税负最低，其他成本却大大提高，甚至节税数额小于成本提高额，那么就得不偿失了。

想要既减轻税负，又提高企业经济效益，我们就需要找到一个税负平衡点。

什么是税负平衡点？

就是税负临界点，是指在不同情况下企业的税收负担达到相等程度的临界值。它是增值税一般纳税人和小规模纳税人税负相等时的增值率。其计算公式为：

X＝征收率×（1+税率）÷（税率-征收率）

适用13%税率的增值税一般纳税人税负平衡点，即3%×（1+13%）÷（13%-3%）=33.9%。

当企业含税成本占收入比例低于税负平衡点时，税负将提高；当企业含税成本占收入比例高于税负平衡点时，税负将降低。因为企业成本结构相对固定，如果税负平衡点过高，那么毛利水平就会受到影响。

在运输行业，新的运输设备前期油耗和维修等费用肯定要比后期低，同时，运输设备价值不同，折旧部分的进项税抵扣也不同。已知，运输企业增值税平均进项税税率为15%~17%，税负平衡点为47.56%~52.98%。

营改增之后，企业税负高于3%，企业经营方式改变了，经济效益也将受到很大影响。随之，企业收入增长，毛利增加，经济效益也会提高。但是，如果可抵扣固定资本并没有改变，那么整体的可抵扣成本占收入的比例就会随之下降。当可抵扣成本占收入比例比税负平衡点低的时候，税负会增加，但是利润也是增加，而不是减少。

另外，很多时候，企业税负降低，但是因为种种原因，经济效益低了，现金流流出高了，对于企业的发展也是不利的。

某企业从银行贷款1 000万元，用于新生产线的改进，年利率为6%，年收益率为18%，五年内还清全部本息。如果企业采用期末一次性还清本息的方式，应缴纳所得税额最低，但是这笔贷款为企业带来的经济效益也是最低的，且流出的现金流量最高，不利于企业的生产经营和可持续发展。

因此，我们进行税收筹划时，需要从多方面考虑，从企业自身业务和生产经营情况出发，不能一味追求做到税负最低。

第2节　误区二：筹划的是账，而不是事

税收筹划，筹划的是事，即在法律允许的范围内，对经营、投资、理财等活动进行事先设计、筹划与安排。通过一系列活动，达到尽可能使企业和个人节税，实现经济利益最大化的目的。

可是，很多人在税收筹划时，往往筹划的是账，而不是相关经济活动。他们认为只要利用会计方法减少应税所得额，在资产折旧（摊销）上做足文章，或想办法加大进项税额，在账簿上多列支出或者不列支

出，就能实现有效的"税收筹划"。

事实上，税收筹划有一项最重要的原则，即账证完整原则。也就是说，完整的账簿凭证，是企业税收筹划是否合法的重要依据。如果账簿凭证不完整，出现故意隐藏或销毁账簿凭证，或伪造、变造账簿凭证的情况，其所谓的筹划行为就会被认定为偷税行为。

很多中小企业因为管理者对税收筹划不了解、不重视，而财务人员又缺乏专业性，导致出现会计核算不健全、会计信息失真的情况。这样一来，税务机关就会对其账证进行核查，一旦发现违反税法的情况，该列的不列，不该列的多列，就会对企业进行相应的处罚。

还有很多企业，会计账务处理模糊，没有对相关业务做会计处理，或故意重计成本、费用，使企业虚增经营成本、减少应税金额。而这样的"筹划"实质上是违法行为，甚至涉嫌犯罪。

某钢材销售企业主要业务是经销钢材，每年都为某机器设备制造厂采购大量钢材并负责运输。为降低增值税税收负担，该企业进行了税收筹划，把采购的形式改为代购的形式。该企业每月为机器设备制造厂联系500吨钢材采购业务，收取每吨20元中介费用。同时，该企业负责运输钢材，每吨收取40元运输费用。

通过筹划，该企业本可以节省大量增值税，并减轻企业税收负担。可是，在实际操作中，该企业在会计核算时并没有如实记录，将这笔中介费和运输费计入"其他业务收入"，导致销售收入大幅度减少。同时，该企业的资金往来情况也模糊不清，并没有标明机器设备制造厂的结算汇款，也没有列出自身贷给其他企业的贷款。

根据税法规定：代购货物行为，凡同时具备以下条件的，不征收增值税：受托方不垫付资金；销货方将发票开具给委托方，并由受托方将该项发票转交给委托方；受托方按照销货方实际收取的销售额和增值税额与委托方结算货款，并另外收取手续费。如果不能同时具备以上条件，无论会计如何核算，企业都需要缴纳增值税。

在上面的例子中，该企业的账簿并没有清晰地反映出自身、钢材厂、机器设备厂的资金往来，所以税务机关不认可其代购业务。也就是说，该企业涉嫌偷税，必须要接受税务机关的处罚，不仅要补缴增值税和滞纳金，还需要缴纳罚款。

那么，会计人员在进行账务处理时需要注意哪些要点呢？

第一，"应付福利费"需要在账户内列支，不能作转账结算。

很多企业设有辅助生产部门，如职工食堂、学校、医院、招待所等，这些部门的成本费用，包括水、电、汽、加工修理等都需要在账户内列支。但是一些企业把这些费用转嫁给生产部门或管理部门，使生产成本虚增。因为福利费是按工资薪金14%以内扣除，一旦被税务机关发现企业生产成本虚增，就会对其进行核查。

第二，不能把对外投资的支出计入成本、费用项目。

企业以材料物资的方式向其他企业投资，其材料物资应该列在"长期投资"科目中。但是一些企业却把这些材料物资列入成本、费用项目中，这样一来，成本增加，利润就会减少，同时，投资收益也被隐瞒，所得税自然也就降低了。

但是，这种行为是错误的，涉嫌偷税。

第三，修理费用，不能重复计入生产成本。

根据会计制度，固定资产的修理费采用预提的方法计入成本费用。计入之后，不能重复计入。但是，一些企业却把固定资产的修理费用重复计入生产成本，以便实现成本虚增、利润虚减，进而达到少缴税的目的。

这样的"筹划"也是不合法的,会造成会计信息失真。

第四,不能虚计费用。

虚计费用,就是有意将不应该计入账户的费用计入本账户,或把应该计入本账户的费用转移计入其他账户。比如,某企业以修理设备的名义,虚领材料、虚报人工,并且把这些费用计入制造费用账户。这样的行为使得本期利润虚减,并且违反了会计制度。

"应付福利费"需要在账户内列支,不能作转账结算

不能把对外投资的支出计入成本、费用项目

修理费用,不能重复计入生产成本

不能虚计费用

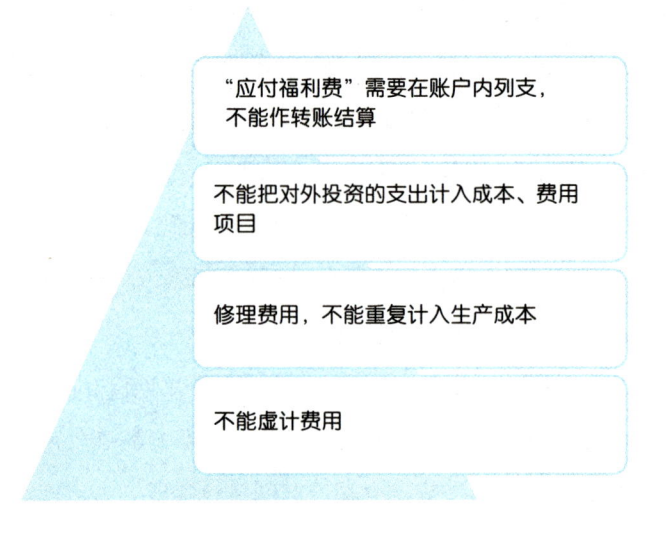

图 8-1 账务处理时需注意的要点

除此之外,会计记账及核算不规范、不合法的行为还有很多,而一旦账证不完整、会计信息不真实,那么税收筹划就已经失去意义。如果企业或财务人员为了节税,有意识地做假账、进行虚假纳税申报,最终只会"搬起石头砸自己的脚"。

第3节　误区三：税收筹划是财务人员的事，与其他人无关

很多人认为，涉税问题只是财务人员的事，税收筹划也不例外。于是，企业经营者及管理者把税收筹划全权交给财务部门，不仅不管不顾，甚至还不配合，一旦出现某类问题，就认为全是财务部门的错。如果经营者和管理者有这样的思想，那么部门和员工更会如此。

可事实上，企业的财务工作不是财务部门单方面就能操作的，税收筹划也不只是财务部门做个方案、与税务机关沟通一下就可以。我们知道，税收筹划不只是节税，最终的目的是提高经济效益、增加企业净利润。所以，真正的税收筹划应该从生产经营入手，甚至在业务发生之前就开始设计与安排。

涉及企业项目投资、利润分配、企业盈利和亏损的问题，就不只是财务人员的问题了。如果企业负责人、各部门不进行协调、事先做好决策，那么就可能做出错误的选择，导致税后利润的减少。

所以，如果企业经营者、管理者只认为税收筹划是会计部门的事，税收上的问题由会计人员负责，自己做好决策即可。而其他部门则认为自己的工作不涉及税收，因此也不需要了解税收政策，只要把产品产量提升上去，把销售额提高上去就可以。那么，税收筹划就会变成孤立、片面的事情，即使财务人员再有能力、再熟悉税法和筹划技巧，也无济

于事。

企业经营者或管理者，具有最高的决策权，需要对企业各方面业务进行统筹、管理、协调。他们需要关注企业的业务、市场、管理，需要关心业绩、利润、企业向心力，更需要关注和关心企业的财务、税务等问题。只有熟悉会计业务、税收政策，清楚企业自身生产经营与会计政策、税收政策的密切关系，明白什么样的税收筹划方案更有利于企业经济效益的提高、有利于企业的可持续发展，并且据此做出决策，才是更优秀的管理者。

当然，这并不是需要企业经营者和管理者凡事亲力亲为，而是需要大家密切关注，互相沟通，把税收筹划纳入企业管理范畴之中。

此外，企业各部门也应该关注税收筹划，与财务人员密切配合。比如，成本费用扣除，需要所有员工都不铺张、不浪费，尽量节约成本；在生产经营过程中，生产部门要注重对原材料的保护，防止不合理的原材料浪费，加强机器设备的保养，减少磨损、维修费用的产生；同时，研发部门需要加强技术的提升，优化生产技术、生产流程，提高生产效率；销售部门签订业务合同，涉及发票开具、销售收入实现的时间及印花税缴纳等方面，业务员需要懂得如何签合同、开具发票才更利于税收筹划，而不是随心所欲签合同、开具发票，等到出了问题，再找财务人员处理，甚至靠虚开发票等违法方式来弥补。

当然，企业股东也需要融入其中，透彻了解税收筹划的相关知识。当涉及股权转让、分红和股息所得税的缴纳等问题时，股东做好事先筹划，选择适合自己的筹划方式，才能减少税负，获得更多经济利益。

总之，企业的成立、筹资、投资、采购、生产、销售、利润分配等环节互相依存、关系密切。税收筹划涉及这些环节的方方面面，财务人员根本无法独立承担，必须与各个部门进行合作与配合。经营者、管理者、股东、财务人员及各部门员工，所有人各司其职、通力协作，按照税法的规定、结合企业自身生产经营状况进行操作，只有这样，税收筹划的目的才能实现。

第4节　误区四：单独筹划，而不是综合筹划

每种税种看似独立，有单独的条例和实施细则，筹划时需要单独地筹划，选择最优方案。但是通过经济行为，各个税种之间或多或少存在着一定的内在联系。而且，在进行税收筹划时，想要让企业减轻税负，我们就不能单独筹划一种税种，而忽视了其他税种。只筹划一种，即使方案更好，效果也是有限的。但是如果进行综合筹划，减少相应税种的税额，这样就能减轻总体税收负担。

企业所得税由所得额决定，而企业所得税等于收入总额减去各种成本、费用、损失以及消费税、增值税、资源税等税额。在筹划所得税时，不仅要想办法增加成本、费用的扣除，还需要合理地筹划消费税、增值税、资源税等税额。否则，很可能出现消费税、增值税少缴，但是企业所得税多缴的情况。

某房地产开发企业，年销售收入额为1亿元，其中普通住宅销售收入为7 000万元、豪华住宅销售收入为3 000万元，可扣除项目金额为8 000万元，其中普通住宅为5 000万元，豪华住宅为3 000万元。

经过筹划，分开核算应缴纳土地增值税，比不分开核算反而多缴纳税款。

在上面的例子中，普通标准住宅的增值率高于20%，还需要缴纳土地增值税。所以，我们需要进一步筹划，降低房价，提高房屋质量，或通过增加房地产开发成本、房地产开发费用等方式来增加可扣除项目的金额，使普通住宅的增值率降低。这样一来，就可以享受免缴土地增值税的优惠。

房地产企业还需要缴纳增值税，在筹划时企业可以采取入股合作建房的方式；可以采用以物易物的方式，即以各自拥有的土地使用权和房屋所有权相互交换；也可以采取一方以土地使用权，一方以货币资金合股，双方成立合营企业或合作项目的方式。

合作时，在合同中注明分配形式，即是税后分成，还是建成后按比例分配房屋。前者视为投资入股，对股权不征收增值税；后者则需要双方按销售不动产缴纳增值税。选择前者直接投资，换取一定比例的股权，可以减少税负。

筹划企业所得税，可以采用兼并转让的方式，一是免税合并，在合并中，被兼并企业不确定资产转让所得，且非股权支付比例低于20%，那么不需要缴纳企业所得税；二是应税合并，因为非股权支付比例低于20%，被兼并企业可视为按公允价值转让，处置全部资产，资产转让所得需要缴纳企业所得税。被兼并企业之前的亏损，不得结转合并后的兼并企业，但是，转让的有关资产可按评估价值提取折旧在税前扣除。所以，我们需要考虑两者的优势，确定哪一种方案更能给企业带来更多的经济效益。

我们还需要筹划房产税、契税、城镇土地使用税、城市维护建设税和教育费附加等税种，综合考量和评估，周密筹划，制订出完整的、既有利于降低税负又能够降低企业经营风险的方案。

此外，我们还需要从企业自身实际情况出发，从购进原料到生产产品再到销售产品等综合环节进行筹划，为企业制订出综合税收筹划方案。

某地板生产企业，主要业务是从当地木材加工厂采购木片，生产加工成地板后销售。该企业为一般纳税人，而木材加工厂属于小规模纳税人，其生产的木片只能提供由税务机关开具的增值税专用发票，抵扣3%的进项税额。此后，该地板生产企业为了扩大销售额，对生产经营活动进行调整，不仅生产销售地板，还生产销售家具。

为了节税，企业进行了税收筹划。首先，企业对原材料进项税额进行筹划，因为从加工厂采购木片只能抵扣3%的进项税额，无疑增加了应税销售额。于是，企业决定直接购买原木，因为原木属于初级农产品，按照现行增值税规定，可按收购金额13%计算抵扣进项税额。这样一来，进项税额增加，应缴增值税额减少。

企业收购原木，如果自己成立加工厂来加工木片，可以享受免征企业所得税优惠，但是却需要增加成本。如果委托当地加工点加工，却无法享受免征企业所得税优惠。为此，该企业选择了一个两全其美的方法，即成立独立加工厂来收购原木，然后将原木委托当地加工点加工，这样一来，独立加工厂就可以免征所得税。

同时，税法规定：企业如果选择将"三剩物""次小薪材"作为原料，还可以享受增值税即征即退税收优惠。所以，该企业还可以根据这项规定来进行税收筹划，进一步实现节税的目的。

最后企业还可以对所得税进行筹划，税法规定：以锯末、树皮、枝丫材为原材料生产人造板及其制品取得的收入，计算应纳税所得额时，享受减按90%的优惠。该企业与税务机关进行沟通，享受了这项"减计收入"的优惠政策，同时将这部分收入与以木片为原材料生产产品取得的收入分开核算，为企业减少了所得税的缴纳。

另外，地板和家具的增值税税率不同，企业也可以分开核算，避免从高税率而多缴纳税款。

总之，税收筹划方案应该是一个涉及企业各项业务及环节的综合性方案，同时，我们还需要做出多种备选方案，并且对其进行详细的评估与选择。只有如此，才能确保方案的合理性，避免不必要的税收筹划风险。

第5节　误区五：过度筹划，得不偿失

税收筹划，对于企业来说非常重要，所有企业都不应忽视，而应将它放在财务管理、税务管理的重要位置上。

不能忽视税收筹划，但是同样的，过度筹划也不可取。如果企业步入过度筹划的误区，突破合规合法的界限，违背科学、合理的原则，就会得不偿失。

A企业多次对B企业进行股权收购，最终对B企业的长期股权投资持股比例达到93%。另外，B企业其余的7%股权由非关联方C企业持有。一段时

间后，C企业联合其他企业对B企业增资扩股，股权发生变动，A企业持有股权变为49%，C企业变为29%，而其他企业则变为22%。

随后，A企业转让其持有的B企业股权，其中10%的股权转让给B企业，成本收益率为34%；39%的股权无偿拨付给其母公司，而后，母公司又将这部分股权转让给B企业，成本收益率为178%。

同样的股权，收益率却相差如此之大。这引起了税务机关的注意，并且对其交易进行了核查。经过核查，税务机关发现A企业母公司把所属的资产无偿划拨到集团这个利润洼地，然后再以市场价格转让给B企业，用所获收益来弥补之前的亏损。显然，这是过度筹划的行为，企业所得税税法规定：企业与其关联方之间的业务往来，不符合独立交易原则而减少企业或者其关联方应纳税收入或者所得额的，税务机关有权按照合理方法调整。最终，A企业和其母公司都不得不上调股权成交价，补缴税款和利息。

所以，在进行税收筹划时，我们要尽可能降低税负，但是不可过度筹划。那么，我们需要注意哪些问题呢？

第一，应该把防范税务风险放在第一位。

在税务筹划中，企业应该把防范税务风险放在第一位，对纳税、节税过程中容易出现或可能出现的风险进行防范和控制。同时，在企业利润减少或亏损时，投资、成本控制、现金流等方面的管理也要量力而行，注意防范决策风险、财务风险以及经营风险。

某企业利润额持续下降，现金流出不断增加，这时，如果只是压缩各种费用支出，严格控制现金流出，停止对外投资，或盲目地向银行贷款，而不是全面地进行调整，改变企业的经营、管理模式，调整其产权结果，就会让风险持续扩大。

第二，具体问题具体分析，不可刻意压低高税率收入。

在实际经济活动中，很多企业都是兼营多个产品，采取兼营的方式，在进行税收筹划时则需要分别核算。适用高税率的收入多，税负就高；适用高税率的收入少，税负就低。

正因为如此，很多企业为了获得更多可支配收入，减少应纳税款的缴纳，便把高税率收入计入低税率收入之中，甚至有意地控制相关业务的发展，减少高税率收入的获取。而这两种行为都是过度筹划的行为，前者违法税法，后者不利于企业价值的实现。

A企业将闲置的房产出租，并与对方签订租赁合同。合同中规定，租赁费用分为租金和物业费两项，其中每年租金为100万元，物业费为50万元。按照兼营行为，A企业分别开具租金发票和物业费发票，税率分别为11%和6%。

然而，在实际经营过程中，A企业并未提供物业服务，也就是说，将部分高税率收入计入低税率收入中，少申报缴纳房产税，构成了涉税违法事实。

B企业兼营工程安装业务和装卸、搬运业务，其中安装业务适用增值税税率为10%，而物流辅助服务适用增值税税率为6%。随着安装业务不断扩大，企业缴纳税款也不断提升，为此企业进行了税收筹划：减少安装业务，把主营业务放在装卸、搬运上。结果，税负虽然降低了，但是业务发展受到了影响。

第三，税收洼地可以用，但是不能滥用。

我们在前文中说过，税收洼地有很多，这些洼地的地方政府为了经济发展而招商引资，也会尽可能提供好的资源，给予相应的优惠政策。但是如果企业滥用税收洼地，就会面临税务风险。

某科技公司账面利润较高，为了节税进行了税收筹划。负责人在财务人员的建议下，竟然在某自由贸易区注册了好几家独资企业，然后开具了大量的"技术服务费"发票。结果，利润抵消了，税负也降下来了。但是，这种过度筹划的行为引起了当地税务机关的注意。经过核查，认定该企业有偷税的嫌疑，不仅依法让该企业补缴了企业所得税，还对其处以罚款。

- 应该把防范税务风险放在第一位
- 具体问题具体分析，不可刻意压低高税率收入
- 税收洼地可以用，但是不能滥用

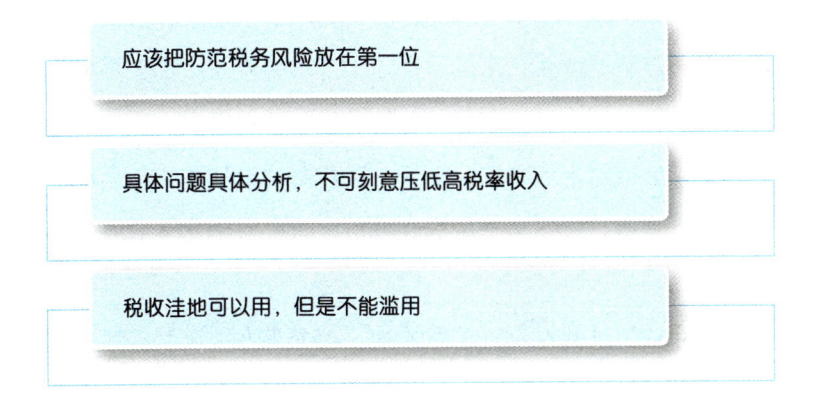

图 8-2　税收筹划时要注意的问题

我们需要认识到：过度筹划的设计成本很高，一旦企业过度筹划，甚至为了刻意避税而恶意筹划，就需要安排多个虚假业务，同时还需要投入大量的人力和财力。这样一来，所谓的"筹划"就给企业带来了巨大风险；过度筹划的战略成本也不低，一旦企业只追求税负最小化，就可能无法优化企业结构和经营模式，甚至限制和破坏正常的生产经营，无法实现企业的战略目的。

因此，把握好税收筹划的度，严格按照会计制度和税法做出财务和税务处理，严格根据企业的实际情况、战略发展来合理筹划，这样才能制订出"完美"的方案。

第6节 误区六：在发票上"做文章"

税收筹划的目的不是单纯地减少税款，更重要的是通过税收的优惠政策或业务流程的改变，来进行合理、合法的筹划。税收筹划，最应该避免的就是在发票上"做文章"。如果一个筹划方案，预先没有更好的设计和安排，而是事后到处找发票、虚开发票，甚至从一开始就计划好在发票上做文章，这根本不是税收筹划，而会给企业带来极高的税务风险。

简单来说，单纯在发票上"做文章"，根本不是税收筹划。即使暂时解决了企业的需求，降低了税负，但是结果却充满危机。

但是，很多纳税人却陷入误区，在进行税收筹划时，为了增加成本扣除，降低应税额度，找他人为自己开发票，或虚开发票，更严重的是还使用那些来源不合法的发票。事实上，这些行为都是违法的，一旦被税务机关查处，就会受到处罚。如果数额超过一定标准，还可能触犯刑法。

《中华人民共和国刑法》规定：虚开发票是指虚开增值税专用发票或者虚开用于骗取出口退税、抵扣税款的其他发票，包括为他人虚开、为自己虚开、让他人为自己虚开、介绍他人虚开发票等行为。虚开发票的行为违反税法相关规定，使得国家公共财产受到损失，是违法行为。

同时刑法还规定：虚开增值税专用发票或者虚开用于骗取出口退税、抵扣税款的其他发票的，处三年以下有期徒刑或者拘役，并处二万元以上二十万元以下罚金；虚开的税款数额较大或者有其他严重情节的，处三年以上十年以下有期徒刑，并处五万元以上五十万元以下罚金；虚开的税款数额巨大或者有其他特别严重情节的，处十年以上有期徒刑或者无期徒刑，并处五万元以上五十万元以下罚金或者没收财产。

单位犯罪的，对单位判处罚金，并对其直接负责的主管人员和其他直接责任人员，处三年以下有期徒刑或者拘役；虚开的税款数额较大或者有其他严重情节的，处三年以上十年以下有期徒刑；虚开的税款数额巨大或者有其他特别严重情节的，处十年以上有期徒刑或者无期徒刑。

非法购买增值税专用发票或者购买伪造的增值税专用发票的，处五年以下有期徒刑或者拘役，并处或者单处二万元以上二十万元以下罚金。

非法购买增值税专用发票或者购买伪造的增值税专用发票又虚开或者出售的，同样按照以上相关规定定罪处罚。

所以，税收筹划一定要在合法的前提下进行，不能在发票上"乱做文章"。

某钢材企业为了降低税负，虚开用于骗取出口退税、抵扣税款发票，同时在没有交易货物的情况下，为某电器企业虚开增值税专用发票。

因为钢材企业的销售对象是建筑安装类企业，而这些企业不需要取得增值税专用发票作为进项扣除，因此钢材企业所积累了大量"富余票"。在这样的前提下，钢材企业对外虚开发票赚取利益，最终这种违法行为受到了严重的惩罚。

那么，企业在实际生产经营以及税收筹划时，应该注意哪些问题呢？

第一，没有货物购销或提供、接受劳务时，不能为他人、为自己、让他人为自己、介绍他人开具发票。

第二，真实发生业务并开具发票时，不能出现数量或金额不实的情况。

第三，在经营活动中，不能让他人为自己代开不实发票，不能填写不能反映真实纳税情况的相关内容。

那么，是不是在进行税收筹划时就不能在发票上"做文章"呢？其实并不是这样的，只要我们进行合理、合法的筹划，就可以降低企业的税负和纳税风险。

某机器生产企业，2020年有300万元无票成本，企业为一般纳税人，企业所得税税率为25%，还需缴纳20%的股息红利所得。那么，企业所得税：

300×25%=75（万元）。

个人所得税：

（300-75）×20%=45（万元）。

共计：

75+45=120（万元）。

企业为减轻税负，进行税收筹划，即在该地产业园注册个人独资企业，原企业与独资企业发生业务关系，而合规无票成本为市场服务费、商务咨询、建材销售等，综合税负5.2%，这样一来，企业应纳税额就大大降低，实现了节税的目的。

我们在前文中已经说过，在销售货物或劳务的时候，我们还可以利用分开核算、分开开具发票的形式来进行节税。因为税率不同，纳税额也不同。

另外，很多企业在生产经营中，往往会从个体工商户或者小规模纳税人那里采购相关货物。因为采购成本低，很多个体工商户或小规模纳税人不提供专用发票，于是企业就产生了无票成本。这个时候，企业不能找人虚开发票，而是应该让其到税务局代开，或自己去代开，这样才不会出现财务风险。

总之，在进行税收筹划时，我们在认识上和流程上都应该保持正确性，不在发票上"乱做文章"，不违反财务和税务相关法律法规，这样才能促进企业更好的发展。

图书在版编目（CIP）数据

一本书读懂税收筹划 / 高瑞锋著． -- 北京 ： 中华工商联合出版社， 2022.7
　　ISBN 978-7-5158-3446-7

Ⅰ．①一… Ⅱ．①高… Ⅲ．①税收筹划 Ⅳ．① F810.423

中国版本图书馆 CIP 数据核字（2022）第 091781 号

一本书读懂税收筹划

作　　　者	：高瑞锋
出　品　人	：李　梁
图 书 策 划	：蓝色畅想
责 任 编 辑	：吴建新　林　立
装 帧 设 计	：胡椒书衣
责 任 审 读	：付德华
责 任 印 制	：迈致红
出 版 发 行	：中华工商联合出版社有限责任公司
印　　　刷	：北京市兆成印刷有限责任公司
版　　　次	：2022年9月第1版
印　　　次	：2022年9月第1次印刷
开　　　本	：710mm×1000mm　1/16
字　　　数	：204千字
印　　　张	：15
书　　　号	：ISBN 978-7-5158-3446-7
定　　　价	：56.00元

服务热线：010-58301130-0（前台）

销售热线：010-58302977（网店部）
　　　　　010-58302166（门店部）
　　　　　010-58302837（馆配部、新媒体部）
　　　　　010-58302813（团购部）

地址邮编：北京市西城区西环广场A座
　　　　　19-20层，100044

http://www.chgscbs.cn

投稿热线：010-58302907（总编室）

投稿邮箱：1621239583@qq.com

工商联版图书
版权所有　盗版必究

凡本社图书出现印装质量问题，请与印务部联系。
联系电话：010-58302915